westermann

Anja Austregesilo-Vockrodt, Claudia A. Spiegel

So einfach funktioniert Deutschland

Einblick in das Berufsfeld
Gastronomie und
Hauswirtschaft

1. Auflage

Bestellnummer 05406

Die in diesem Produkt gemachten Angaben zu Unternehmen (Namen, Internet- und E-Mail-Adressen, Handelsregistereintragungen, Bankverbindungen, Steuer-, Telefon- und Faxnummern und alle weiteren Angaben) sind i. d. R. fiktiv, d. h., sie stehen in keinem Zusammenhang mit einem real existierenden Unternehmen in der dargestellten oder einer ähnlichen Form. Dies gilt auch für alle Kunden, Lieferanten und sonstigen Geschäftspartner der Unternehmen wie z. B. Kreditinstitute, Versicherungsunternehmen und andere Dienstleistungsunternehmen. Ausschließlich zum Zwecke der Authentizität werden die Namen real existierender Unternehmen und z. B. im Fall von Kreditinstituten auch deren IBANs und BICs verwendet.

Die in diesem Werk aufgeführten Internetadressen sind auf dem Stand zum Zeitpunkt der Drucklegung. Die ständige Aktualität der Adressen kann vonseiten des Verlages nicht gewährleistet werden. Darüber hinaus übernimmt der Verlag keine Verantwortung für die Inhalte dieser Seiten.

service@westermann.de
www.westermann.de

Bildungsverlag EINS GmbH
Ettore-Bugatti-Straße 6-14, 51149 Köln

ISBN 978-3-427-**05406**-1

westermann GRUPPE

Vorwort

Mit „So einfach funktioniert Deutschland – Gastronomie / Hauswirtschaft“ liegt ein leicht verständliches Heft über das Arbeitsleben in Deutschland vor. Die Reihe ist für den Unterricht in Internationalen Förder- und Vorbereitungsklassen, insbesondere auch für Auszubildende mit Sprachförderbedarf zusammengestellt worden, die sich im ersten Ausbildungsjahr von Gastronomie oder Hauswirtschaft befinden. Die Schülerinnen und Schüler erhalten so eine Hilfestellung, um schnell den Anschluss in den Ausbildungs- und Arbeitsmarkt zu finden. Kompaktes Basiswissen zu den Ausbildungsinhalten der ersten Monate und ein notwendiges Fachvokabular bilden die Grundlage für einen erleichterten Einstieg in die Arbeitswelt von Gastronomie und Hauswirtschaft.

Inhalt und Konzept

Der vorliegende Band beschreibt den Einstieg in die Berufsfelder Gastronomie und Hauswirtschaft. Die Arbeitsbereiche Küche – Ernährung – Lebensmittelkunde – Service – Reinigung werden dargestellt, in ihrer Bedeutung für das alltägliche Arbeiten beschrieben und in einen nachvollziehbaren Zusammenhang gebracht. Die wichtigsten Arbeits- und Kenntnisbereiche von Gastronomie und Hauswirtschaft sind in sechs Kapitel mit 33 Themen gegliedert. Die Kapitel können in unterschiedlicher Reihenfolge bearbeitet werden. Für die Autoren war es dabei wichtig, Aspekte der aktuellen Didaktik aufzugreifen (Einführung von Themen mittels Lernsituationen) und gleichzeitig Methoden des sprachsensiblen Unterrichts anzuwenden.

Das Heft hat eine Vokabeltabelle, in der sich die wichtigsten Fachbegriffe in Englisch, Französisch, Hocharabisch und Farsi wiederfinden. Die Fachbegriffe sind im Text des Buches fett markiert und finden sich am Ende des Buches in einer Vokalbelliste wieder.
Parallel zum Text finden sich in den Randspalten der Seiten Aufgaben. Diese sind so positioniert, dass sie einen direkten Bezug zum Text haben und mithilfe dieses Textes gelöst werden können. Nicht alle Aufgaben sind einfach. Dies sollte niemanden entmutigen, sondern vielmehr dazu animieren, auch Lehrer, Kollegen oder deutsche Mitschüler um Hilfe zu bitten. Bei der Formulierung der Aufgaben flossen die Erfahrungen der Autoren ein, an welchen Stellen besondere Schwierigkeiten der Schülerinnen und Schüler auftreten: das Formulieren vollständiger Sätze, die Übertragung einer Information in eine andere Form, das Erkennen zusammengesetzter Wörter u.a.

Sprache

Voraussetzung für diesen Informations- und Arbeitsband sind Grundkenntnisse der deutschen Sprache. Ein wesentliches Element des Textes ist wichtig: Die in der deutschen Sprache weit verbreiteten zusammengesetzten Begriffe sind farblich markiert, d.h. es wird erkennbar, aus welchen Begriffen sich einzelne Wörter zusammensetzen. Dies soll das Erlernen und den Umgang mit der deutschen Sprache erleichtern. Komplizierte Sachverhalte sind in einfachen Worten erläutert. Dennoch kann auf Fachsprache nicht verzichtet werden. Um den Lesefluss zu erleichtern, haben wir auf die weibliche Form verzichtet; die männliche Form gilt für alle drei Geschlechter.

Inhaltsverzeichnis

Arbeiten im Service

Reinigung und Pflege

1 Hygiene am Arbeitsplatz

Situation

Younes möchte eine Ausbildung zum Koch machen. Seine Schwester Aleyna interessiert sich für eine Ausbildung zur Hauswirtschafterin. Ein großes Hotel bietet beiden zunächst ein Praktikum an. So können sie ausprobieren, ob ihnen die Arbeit auch wirklich Spaß macht.

Sowohl Köche als auch Hauswirtschafterinnen verbringen einen großen Teil ihrer Arbeit mit der Zubereitung von Nahrung. Deswegen werden Younes und Aleyna zunächst in der Küche eingesetzt. Am ersten Arbeitstag zeigt ein Kollege ihnen den Arbeitsplatz für die kommenden Wochen. Der Kollege erklärt die wichtigsten Arbeitsregeln und Arbeitsgeräte. Er gibt ihnen Hinweise zur Hygiene am Arbeitsplatz, zur Unfallverhütung und Arbeitssicherheit. Er zeigt ihnen wichtige Arbeitsgeräte und Arbeitsmittel, das Lebensmittellager und erklärt ihnen den richtigen Umgang mit Müll und Abfällen.

In der Küche verarbeiten wir Lebensmittel zu Mahlzeiten. Diese Mahlzeiten dürfen andere Menschen nicht krank machen. In der Fachsprache heißt das, sie müssen „hygienisch einwandfrei" sein.

Auszubildende müssen auf ihre eigene Hygiene achten. Dies nennt man **persönliche Hygiene**. Ebenso wichtig ist das Einhalten der Hygiene beim Umgang mit Lebensmitteln. Dies wird als Lebensmittelhygiene/Produkthygiene bezeichnet. Die sauberen Voraussetzungen im Betrieb nennt man Betriebshygiene. Die Einhaltung der Betriebshygiene ist die Aufgabe des Inhabers.

Was versteht man unter persönlicher Hygiene?

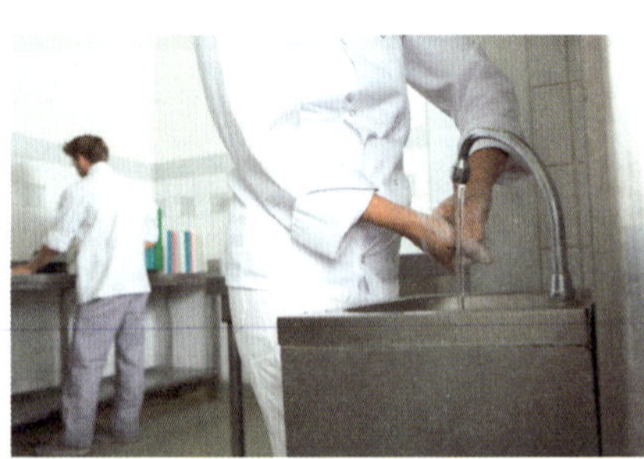
Hände waschen

Alle Mitarbeiter müssen sauber und ohne hygienisches Risiko ihre Arbeit antreten. Das heißt:

- sich regelmäßig waschen und duschen.
- die Haare kurz schneiden, zurückbinden und/oder eine Kopfbedeckung tragen.
- Bärte kurz und gepflegt halten.
- Fingernägel kurz und sauber, nicht lackiert und ohne Schmucksteine halten.
- Die Mitarbeiter tragen keinen Fingerschmuck, keinen Armschmuck, keine Armbanduhren und keine Piercings im Gesicht.

- Die Mitarbeiter legen vor dem WC-Besuch die Arbeitskleidung ab, soweit das möglich ist.
- Die Mitarbeiter waschen sich vor Beginn der Arbeit, bei dem Wechsel des Postens und nach jeder WC-Benutzung gründlich die Hände und Unterarme.
- Die Mitarbeiter müssen einwandfreie, saubere und kochfeste Arbeitskleidung verwenden: Kopfbedeckung, Halstuch, Jacke mit Steckknöpfen, Kochhose, Kochschürze, Baumwollsocken, Sicherheitsschuhe.
- Die Mitarbeiter wechseln täglich Schürze und **Touchon**, insbesondere wenn sie verschmutzt sind.

Besondere Regeln gelten bei Krankheiten: Jede Krankheit oder Verletzung muss dem Küchenchef gemeldet werden. Besonders wichtig ist dies bei Magen-Darm-Krankheiten.

Wussten Sie?

Pro Jahr werden in Deutschland etwa 200 000 Krankheitsfälle durch Lebensmittelinfektionen gemeldet. Wahrscheinlich sind noch viel mehr Menschen betroffen.

Was ist Lebensmittelhygiene?

Lebensmittelhygiene bedeutet, dass die unterschiedlichen Lebensmittel sehr sauber vorbereitet und zubereitet werden. Lebensmittel können sonst Krankheitskeime übertragen. Das heißt:

- Rohe und zubereitete Lebensmittel werden getrennt gelagert.
- Fleisch, Fisch, Geflügel, rohe Eier, Milchprodukte, Gemüse, Obst und Kartoffeln haben jeweils eigene Bereiche im Lager.
- Nur Plastik und Metall eignen sich als Behälter zum Lagern. Nichts darf unverpackt gelagert werden.
- Lebensmittel werden beim Lagern abgedeckt.
- Verdorbene Lebensmittel und Reste von ausgegebenen Lebensmitteln werden sofort vernichtet.
- Es muss auf die richtige Lagertemperatur geachtet werden.
- Tierische und pflanzliche Lebensmittel werden getrennt voneinander vorbereitet.
- Für die verschiedenen Lebensmittelgruppen werden unterschiedlich farbige Schneidbretter verwendet.
- Nach der Verarbeitung roher tierischer Lebensmittel werden die Arbeitsflächen gereinigt und desinfiziert.

geschnittenes Gemüse

- Pflanzliche Rohstoffe werden immer auf sauberen und trockenen Brettern geschnitten.
- Alle zu garenden Speisen werden gründlich erhitzt. Eine **Kerntemperatur** von 75 °C wird beachtet.
- Zubereitete Speisen werden nur kurz (maximal 30 Minuten) warmgehalten. Anschließend werden sie schnell heruntergekühlt und kühl aufbewahrt.
- Es werden keine Geräte aus Holz verwendet (Ausnahme: Hackblock).
- Bei Arbeiten mit Lebensmitteln, die leicht verderben, werden Einmalhandschuhe verwendet. Schürzen und Touchons werden direkt gewechselt.
- Abfälle werden sortiert und bis zur Entsorgung kühl gelagert. Abfälle werden keinesfalls in der Nähe von Lebensmitteln gelagert.

Was heißt Betriebshygiene?

Unter der Betriebshygiene versteht man alle Maßnahmen zum Sauberhalten von Arbeitsräumen und Arbeitsgeräten. Dazu gehört auch, dass die Mitarbeiter alle Gegebenheiten vorfinden, um hygienisch einwandfrei arbeiten zu können. Beispiele dafür sind getrennte Waschbecken zum Reinigen der Lebensmittel und der Hände oder getrennte Reinigungsanlagen für Küchengeschirr und Gästegeschirr. Zur Betriebshygiene zählt auch die Kontrolle der Wasserqualität und der Gartemperatur.

Reinigung der Tische in einem Restaurant

Reinigungstätigkeiten und Desinfektionstätigkeiten müssen gut verständlich beschrieben sein. Es muss genau angegeben werden, was bei der Grobreinigung, der Reinigung und bei den Nacharbeiten erledigt werden muss.

Die Anforderungen an das Gebäude, in dem sich der gastronomische Betrieb befindet, sind offiziell festgelegt. Außerdem gibt es ganz genaue Vorschriften zur Bekämpfung von Schädlingen, wie z. B. Kakerlaken und Mäusen.

Zuordnen

Ordnen Sie die folgenden Beschreibungen den Kategorien persönliche Hygiene, Lebensmittel-/Produkthygiene und Betriebshygiene zu. Markieren Sie die Beschreibungen hierfür mit unterschiedlichen Farben.

frisch geduscht – Abfälle sortieren und kühlen – Haare zurückbinden und abdecken – Bärte kurz halten – verdorbene Lebensmittel sofort vernichten – vollständige und saubere Arbeitskleidung tragen – auf Lagertemperaturen achten – Schädlingsbekämpfung – keinen Fingerschmuck und Armschmuck tragen – Lebensmittelgruppen getrennt voneinander lagern – nach dem Toilettenbesuch die Hände gründlich waschen – rohe und gegarte Lebensmittel getrennt lagern – Mitarbeiterschulungen zur Hygiene – tierische und pflanzliche Lebensmittel getrennt voneinander vorbereiten – getrennter Reinigungsanlagen für Lebensmittel und Hände

Zuordnen

Um Hygieneanweisungen verständlich zu machen, verwenden einige Betriebe sogenannte Piktogramme. Ordnen Sie zu, welche

Zur Hygiene gehören die Bereiche persönliche Hygiene, Produkthygiene und Betriebshygiene. Nur wenn alle Hygienebereiche beachtet werden, können sichere Lebensmittel an den Gast ausgegeben werden!

Was bedeutet HACCP-Konzept?

Die Abkürzung HACCP bedeutet „Hazard Analysis and Critical Control Points". HACCP ist ein Konzept, mit dem bestimmte Kontrollpunkte im Betrieb auf Hygienegefahren überprüft werden (z. B. Temperaturen der Kühlung). Es wird aufgeschrieben, dass diese Punkte regelmäßig kontrolliert wurden und die Ergebnisse korrekt waren. Bei Bedarf kann den Behörden gezeigt werden, dass die Produkte des kontrollierten Betriebes unproblematisch sind.

Hygienemaßnahme zu welchem Piktogramm gehört.

Spülen in der Geschirrspülmaschine – Handreinigung – Bodenreinigung – Reinigung der Küchenoberflächen – Gastronomie/Gastraum – Fensterreinigung – Spülen von Hand – Edelstahlreinigung – Desinfektion – Bad-Reinigung/WC-Reinigung

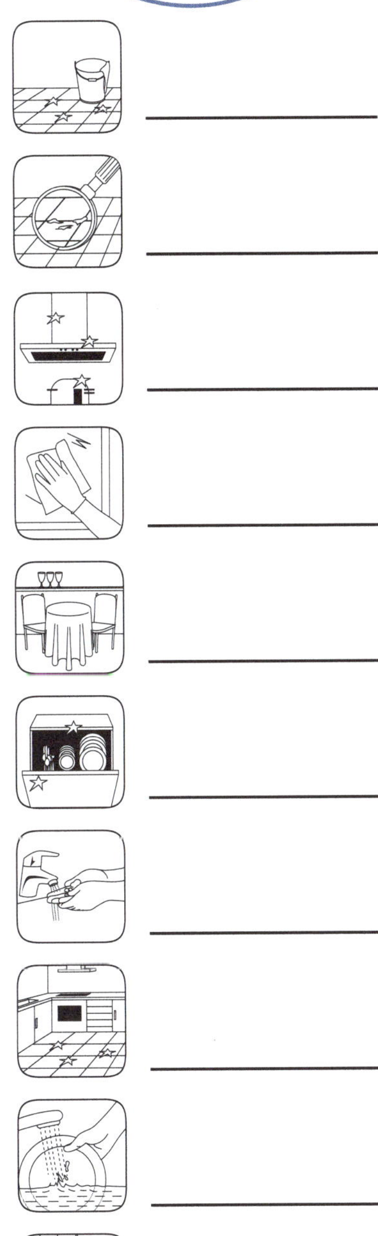

2 Arbeitssicherheit

Das Arbeiten in der Küche kann gefährlich sein. Die meisten Unfälle geschehen durch Ausrutschen oder Stolpern. Die Gefahr ist größer, wenn

- die Böden glatt oder uneben sind,
- Fett, Flüssigkeit oder Speisen verschüttet werden,
- Gegenstände in den Laufwegen stehen und übersehen werden.

In Deutschland gibt es Vorschriften, wie Arbeitsplätze sicher gestaltet werden können. Für die Gastronomie und Hauswirtschaft ist die „Berufsgenossenschaft Nahrungsmittel" zuständig. Sie empfiehlt für sichere Küchen bestimmte Maßnahmen.

Welche Maßnahmen schützen vor Rutschunfällen und Stolperunfällen?

Schilder aufstellen

Es muss sichergestellt sein, dass niemand auf Böden ausrutschen oder stolpern kann. Dafür müssen Sie eben und leicht zu reinigen sein. Alle Mitarbeiter müssen verschüttete Speisen oder Fett sofort aufnehmen. Abflussöffnungen und Roste müssen glatt verschlossen sein.

Jeder Mitarbeiter muss seinen Arbeitsplatz sauber und aufgeräumt halten. Nicht gebrauchte Geräte, Maschinen und Rohstoffe werden umgehend an ihren Platz zurückgebracht.

Die Arbeitskleidung hat nichts mit Mode zu tun. Sie ist so gewählt, dass sie vor Verbrennungen schützt. Geschlossene Schuhe verhindern das Ausrutschen, das Verbrennen durch verschüttete Lebensmittel oder herabfallende Gegenstände wie Messer.

Welche Maßnahmen schützen vor Stich- und Schnittverletzungen?

Besonders vorsichtig sollte man im Umgang mit Messern sein. Unachtsamkeit und Eile sind die häufigsten Ursachen für Stichverletzungen und Schnittverletzungen.

Beim falschen Gebrauch von Ausbeinmessern passieren immer wieder schwere Unfälle. Hände, Bauch und Oberschenkel werden sehr häufig verletzt. Beim Gehen sind Messer immer nach unten zu halten. Messer und scharfe Gegenstände dürfen niemals ins Spülwasser gelegt werden.

Welche Maßnahmen schützen vor Unfällen mit elektrischen Anlagen?

Kabeltrommel

Elektrische Geräte müssen den gesetzlichen Sicherheitsvorschriften und **Unfallverhütungsvorschriften** entsprechen. Beim Kauf von elektrischen Geräten wird daher auf das CE-Prüfkennzeichen geachtet.

Vor dem Gebrauch neuer Geräte müssen Mitarbeiter in den Umgang mit den Geräten eingewiesen werden. Die Bedienungsanleitungen sollten in der Nähe aushängen. Beim Anschluss neuer Geräte muss geprüft werden, ob alle elektrischen Installationen vorschriftsmäßig sind. Eine Feuchtraumausführung für Kabel und Stecker sollte immer vorhanden sein. Kabeltrommeln sind deshalb günstig, weil in ihnen Elektrokabel sauber aufgerollt werden und so keine Stolpergefahren entstehen. Schutzeinrichtungen (Handschutz, Laufsperre, Isolationsmatten) darf man niemals entfernen. Zum Reinigen und Reparieren sind die Netzstecker zu ziehen.

Welche Maßnahmen schützen vor Brandunfällen?

Feuerlöscher

Brände in der Küche entstehen aus verschiedenen Gründen. Ursachen können sein: defekte Gargeräte wie Herd oder Grill, überhitztes Fett, Fettablagerungen in Abzugsanlagen, defekte elektrische Anlagen oder Geräte.

Es hängt von dem brennbaren Stoff ab, wie man den Brand bekämpft: Holzbrände, Papierbrände und Textilbrände kann man mit Wasser bekämpfen. Für alle anderen Materialien werden Feuerlöscher und Löschdecken benötigt.

Sie müssen alle Unfälle am Arbeitsplatz melden! Nur so wird Ihnen schnell und sicher geholfen.

Was bedeutet Erste Hilfe?

Um im Fall eines Unfalls Hilfe leisten zu können, sollte ein Ersthelfer vorhanden sein. Mindestens ein Ersthelfer ist Pflicht in jedem Betrieb mit mehr als 20 festangestellten Mitarbeitern. Ist der Ersthelfer nicht anwesend, muss jeder Mitarbeiter bis zum Eintreffen des Rettungsdienstes und Notarztes Erste Hilfe leisten.

Durch geeignete Maßnahmen trifft der Betrieb Vorsorge, dass sich Mitarbeiter und Besucher schnell in Sicherheit bringen können. Dazu gehören Aushänge, die über Rettungswege, Erste-Hilfe-Maßnahmen und Notrufnummern informieren.

Wussten Sie?

Pro Jahr geschehen fast eine Million Arbeitsunfälle, d. h. Unfälle am Arbeitsplatz oder auf dem Weg zur Arbeit. Zum Teil entstehen schwere Verletzungen. Einige Unfälle enden sogar tödlich oder haben dauerhafte körperliche und/oder geistige Einschränkungen zur Folge. Beachten Sie daher alle Hinweise, die Ihrer Sicherheit dienen!

3 Arbeitsgeräte und Arbeitsmittel

Es gibt für die Arbeit in der professionellen Küche eine Reihe von Arbeitsgeräten, Kochgeschirren und Arbeitsmitteln. Sie erleichtern die Tätigkeit in der Küche sehr.

Welche Arbeitsgeräte werden in der Küche verwendet?

Arbeitsgeräte sind Hilfsmittel, die bestimmte Tätigkeiten in der Küche erleichtern. Arbeitsgeräte sind meist größere Maschinen.

Abbildung	Name	Verwendung
	Fleischwolf	Herstellung von Hackfleisch oder **Farcen**; es können unterschiedlich feine Ergebnisse erzielt werden.
	Fritteuse	Gargut backt bei maximal 175 °C in Fett schwimmend aus, z. B. Pommes frites, Nuggets
	Gasherd	In professionellen Küchen wird überwiegend mit dem Gasherd gearbeitet. Aber auch die Induktionstechnologie findet zunehmend Anhänger.
	Kombidämpfer	Backen, Braten, Kochen, Niedertemperaturgaren, Dämpfen, Regenerieren. Durch die Steuerung der Kerntemperatur kann das Gargut auf den Punkt genau gegart werden.

Beispiele für weitere Geräte in der Küche:

Induktionsherd und Elektroherd, Küchenmaschine, Grill, Salamander, Chafing dishes, Wärmeschränke

Welche Kochgeschirre werden in der Küche verwendet?

Für die Herstellung der unterschiedlichsten Gerichte verwendet der Koch unterschiedliche Kochgeschirre. Sie sind den jeweiligen Bedürfnissen bei der Arbeit angepasst. Sie haben verschiedene Formen. Es ist wichtig, dass Kochgeschirre einfach zu handhaben und einfach zu reinigen sind. Außerdem sollten sie beständig sein. Kochgeschirre sind häufig aus den Materialien Edelstahl und Gusseisen.

Abbildung	Name	Verwendung
	Bratentopf	ähnelt dem hohen/niedrigen Kochtopf, ist ein flaches Geschirr mit zwei Henkeln an den Seiten, um ihn unterschiedlich handhaben zu können
	Bratgeschirr	aus Gusseisen, ermöglicht ein besonders krosses Anbraten, Wärme verteilt sich im Material sehr gut
	Fischkessel	aufgrund der länglichen Form können ganze Fische gegart werden
	Grillpfanne	aus Gusseisen, ermöglicht ein scharfes Anbraten des Grillguts, Rippen auf dem Pfannenboden imitieren die Roststreifen vom Grill

Abbildung	Name	Verwendung
	hoher Kochtopf	gibt es auch in niedrigeren Formen; in ihm können die meisten feuchten Garverfahren durchgeführt werden, kann auch als Gargeschirr im Kombidämpfer oder im Rohr verwendet werden
	Schmorgeschirr	ausschließlich zum Herstellen von Schmorgerichten; da das Material Wärme sehr gut speichern kann, wird das Gargut gleichmäßig und stark gegart
	Schwenkkasserolle/**Sauteuse**	zur Herstellung von Geschnetzeltem und ähnlichen Produkten
	Stielkasserolle	besonders gut zum Braten und Schmoren
	Wokpfanne	für die Herstellung gedünsteter asiatischer Gerichte

Welche Messer werden in der Küche verwendet?

Messer sind wichtige Hilfsmittel für die Arbeit des Kochs. Je nach zu bearbeitendem Rohstoff und Arbeitsvorgang werden verschiedene Arbeitsmittel verwendet.

Abbildung	Name	Verwendung
	Ausbeinmesser	Auslösen von Knochen aus verschiedenen Fleischteilen wie Keulen
	Buntschneidemesser/ Buntmesser	für geriefte Scheiben, z. B. bei Gemüse oder Kartoffeln
	Flossenschere	Abschneiden von Flossensäumen bei Fischen
	Kochmesser	für viele anfallende Arbeiten in der Küche, insbesondere zum Hacken und Zerteilen, verschiedene Größen verfügbar
	Hackbeil	Zerteilen von Knochen
	Knochensäge	Zerteilen von Knochen
	Konditor- oder Kuhlenmesser	glatte und eine gewellte Schneide; damit lassen sich Massen auf Flächen verstreichen und Tortenteile zerteilen

Richtig anwenden

Wissen Sie, welche Arbeitsgeräte, Kochgeschirre und Arbeitsmittel Sie anwenden müssen? Ergänzen Sie die Liste.

- Um kochen zu können, benötige ich einen Herd, __________
- Um Lebensmittel sehr hoch zu erhitzen, kann ich eine Fritteuse verwenden, aber auch __________
- Um Lebensmittel zu schmoren, kann ich ein Schmorgeschirr verwenden __________
- Um Gemüse zu bearbeiten, setze ich ein Officemesser ein, __________
- Fleisch kann man mit verschiedenen Geräten und Maschinen zerkleinern, z. B. mit einem großen Kochmesser, __________
- Als Gargeschirr für Fleisch setzt man einen Brattopf ein, außerdem __________
- Um Fisch vor- und zuzubereiten benutzt man einen Fischkessel, __________

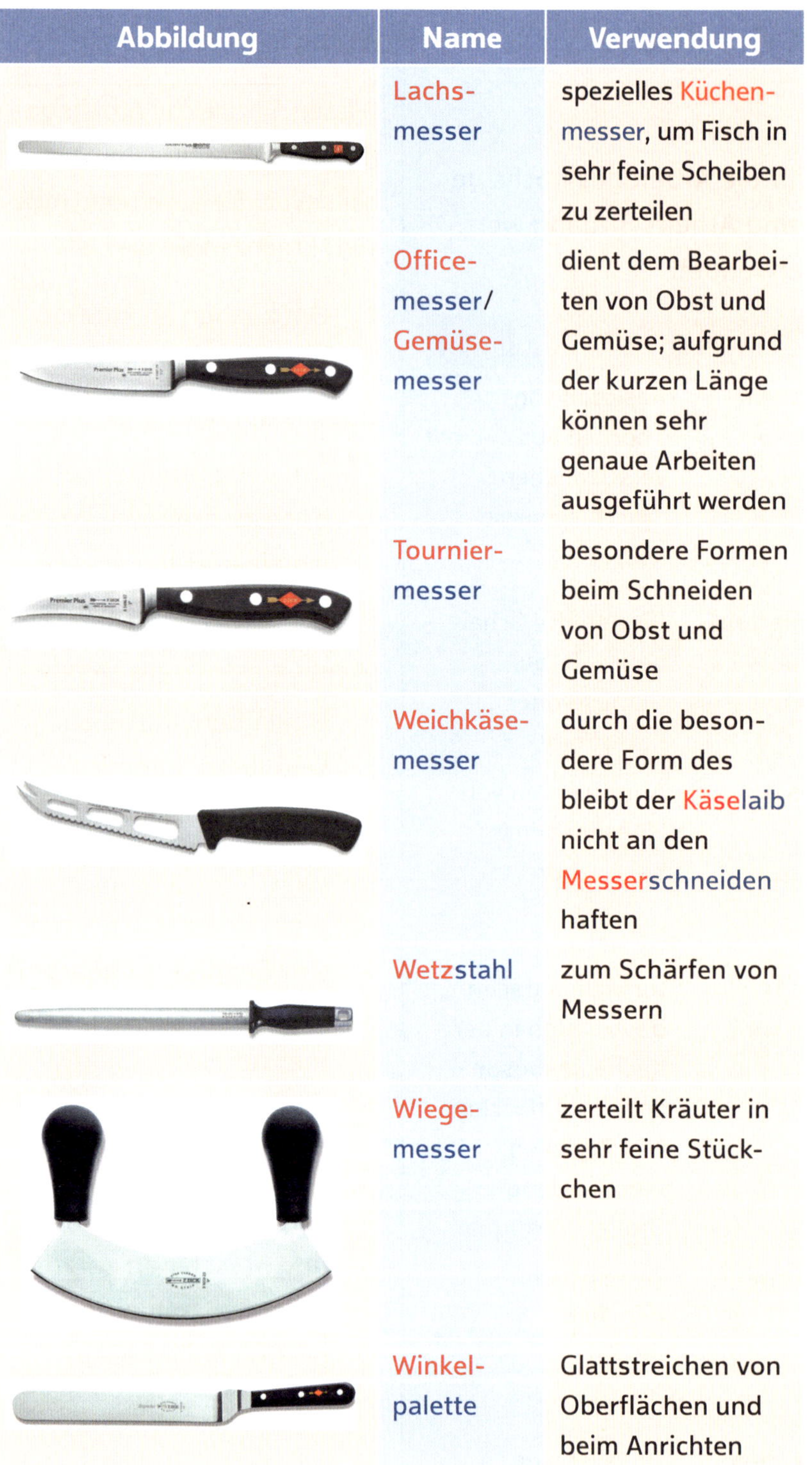

Abbildung	Name	Verwendung
	Lachsmesser	spezielles Küchenmesser, um Fisch in sehr feine Scheiben zu zerteilen
	Officemesser/ Gemüsemesser	dient dem Bearbeiten von Obst und Gemüse; aufgrund der kurzen Länge können sehr genaue Arbeiten ausgeführt werden
	Torniermesser	besondere Formen beim Schneiden von Obst und Gemüse
	Weichkäsemesser	durch die besondere Form des bleibt der Käselaib nicht an den Messerschneiden haften
	Wetzstahl	zum Schärfen von Messern
	Wiegemesser	zerteilt Kräuter in sehr feine Stückchen
	Winkelpalette	Glattstreichen von Oberflächen und beim Anrichten

➪ Für die Arbeit mit Knochen benutzt der Koch den Ausbeiner,

____

4 Lebensmittel lagern

Manche Lebensmittel werden im Betrieb gelagert. Dabei sollen die Lebensmittel keinen Schaden nehmen. Um Schäden zu verhindern, werden die Temperatur, die Luftfeuchtigkeit und das Licht im Lager an die verschiedenen Lebensmittelgruppen angepasst.

Welche Lagertypen gibt es?

Die Temperatur beeinflusst die Lagerfähigkeit von Lebensmitteln am meisten.

Im Trockenlager herrschen Temperaturen zwischen 10 und 15 °C. Die Luftfeuchtigkeit liegt bei etwa 70 %. Es soll dunkel, gut belüftet und frostsicher sein. Im Trockenlager werden alle Lebensmittel gelagert, die nicht gekühlt werden müssen. Dazu gehören Getreide und Getreideprodukte, Hülsenfrüchte, Teigwaren, Öle, Salz, Zucker, Gewürze, Konserven oder Getränkevorräte.

Das Kühllager hat Temperaturen unter 15 °C. Verschiedene Obst- und Gemüsesorten können bei Temperaturen zwischen 6 und 15 °C gut gelagert werden. Leicht verderbliche Lebensmittel wie Milch und Milchprodukte, Fleisch und Fleischwaren, Fisch und Meeresfrüchte benötigen tiefere Lagertemperaturen:

- Milch und Milchprodukte: 2 bis 7 °C, eventuell 10 °C (z. B. Käse)
- Fleisch und Fleischwaren: circa 4 °C, Hackfleisch nicht darüber
- Fisch, Fischwaren und Meeresfrüchte: 0 bis 2 °C
- Geflügel: maximal 4 °C

Mikroorganismen leben am besten bei Temperaturen zwischen 10 und 30 °C. Um zu vermeiden, dass Lebensmittel verderben, hilft es, frische Lebensmittel bei kühleren Temperaturen zu lagern oder auf Temperaturen darüber zu erhitzen!

Mikroorganismen können von Eiern auf andere Lebensmittel gelangen. Deshalb müssen Eier von anderen Lebensmitteln getrennt gelagert werden. Auch weitere Lebensmittel sollte man getrennt lagern.

Getrennte Kühllager gibt es in den meisten Betrieben auch für Getränke wie Bier oder Wein.

Im Gefrierlager werden Lebensmittel bei minus 18 °C und kälter gelagert. So werden Lebensmittel bis zu einem Jahr haltbar. **Blanchiertes** Gemüse und Obst, Fleisch und Fisch eignen sich besonders gut für diese Art der Lagerung.

Wussten Sie?

Im Winter gibt es nur wenige frische Gemüsesorten und Obstsorten. In dieser Jahreszeit kann man sehr gut tiefgekühlte Lebensmittel verwenden. Sie haben einen deutlich höheren Gehalt an wertvollen Inhaltsstoffen als Konserven oder überlagerte Frischware.

Wie werden Lebensmittel eingelagert?

Folgende Hinweise sollte man beachten, wenn Lebensmittel gelagert werden:

- Alle Lebensmittel sind frisch und sauber!
- Die Kühlkette wird eingehalten!
- Speisen werden nur abgekühlt eingelagert!
- Behälter zur Aufbewahrung sind sauber und schließen dicht!
- Aufbewahrungsboxen sind beschriftet: Inhalt, Datum, Menge!
- Fleisch und Fisch werden **vakuumiert**!
- Angetaute oder aufgetaute Lebensmittel werden nicht wieder eingefroren!
- Beim Einlagern gilt die Regel „First In – First Out“!

Wonach werden Bestände kontrolliert?

Lebensmittellager werden regelmäßig kontrolliert: Die Lagerbedingungen, und die Lebensmittelbestände werden kontrolliert.

Besonders wichtig sind:

- Mindesthaltbarkeitsdatum: das Datum, bis zu dem ein Produkt bei optimalen Lagerbedingungen seine Qualität nicht verliert. Auch wenn dieses Datum überschritten ist, kann man das Lebensmittel noch verzehren. Beispiele: Joghurt und Wurst, Konserven.
- Verbrauchsdatum: Datum, bis zu dem ein Lebensmittel verbraucht sein muss, um Gesundheitsgefahren auszuschließen. Beispiele: Hackfleisch, vorgeschnittene Salate, geräucherter Fisch.

Zusätzlich prüft man bei Lagerkontrollen die Sauberkeit und Funktion, Farbveränderungen (z. B. welke oder vertrocknete Stellen), Verderbzeichen (z. B. Schimmelbefall), beschädigte Verpackungen, Gefrierbrand und Schneebildung, Schädlingsbefall. Bei Anzeichen des Verderbs müssen die Lebensmittel umgehend entsorgt werden.

Sätze bilden

Sie sehen unten zwei Kästen mit Satzhälften. Im ersten Kasten finden Sie ausschließlich Satzanfänge, im zweiten ausschließlich Satzenden. Bilden Sie aus den Satzanfängen und Satzenden sinnvolle Sätze. Schreiben Sie die vollständigen Sätze auf ein Blatt Papier.

Lebensmittel werden ... / Die richtigen **Lagerbedingungen** ... / Häufig werden Fleisch, Fisch, ... / Lebensmittel, die man kühl lagern muss, ... / Getreideprodukte, Hülsenfrüchte, Öle oder Gewürze ... / Das Kühllager hat meist ... / Insbesondere die Lagertemperatur ... / Mit einem Tiefkühllager kann man ... / Im Food-Trockenlager liegen die ...

... sorgen dafür, dass Lebensmittel nicht verderben. / ... Temperaturen bei 10 bis 15 °C. / ... sind z. B. Milchprodukte, Fleisch, Meeresfrüchte oder Geflügel. / ... die Haltbarkeit von Lebensmitteln auf mehr als ein Jahr verlängern. / ... müssen nicht gekühlt werden. / ... im Betrieb gelagert. / ... Temperaturen zwischen 0 und 10 °C. / ... beeinflusst die Lagerfähigkeit von Lebensmitteln. / ... Gemüse oder Obst im TK-Lager aufbewahrt.

5 Umgang mit Müll und Lebensmittelabfällen

Wie trennt man Abfall?

In Deutschland trennt man Abfälle. In der professionellen Küche gibt es eigene Sammelbehälter für biologische Abfälle (Lebensmittel), für Verpackungen (z. B. Joghurtbecher), für Speisereste (vom Teller des Gastes), für Glas und für Papier (z. B. Kartons). Zusätzlich müssen gebrauchte Fette aus Fritteusen und anderen Geräten getrennt entsorgt werden. Alle anderen Abfälle im Betrieb gibt man in die sogenannte „schwarze Tonne". Dies ist der Behälter für Restmüll.

Öffentlich werden auch elektrische Geräte (z. B. Radios), Metalle (z. B. Kabelreste), Möbel oder Sondermüll (z. B. Farben, Leuchtstoffröhren) gesammelt. Durch die Mülltrennung kann Müll aufbereitet und wiederverwertet werden (= Recycling). So kann man **Rohstoffe** und Kosten einsparen.

Wie vermeidet man Müll in der Betriebsküche?

In der Küche sollte man Müll möglichst vermeiden, auch Lebensmittelabfälle. Müll belastet die Umwelt und verursacht Kosten. Das heißt:

- Auf Einzelportionen wie beispielsweise Einzelverpackungen von Butter oder Milch auf dem Frühstücksbüfett sollte man verzichten. Großpackungen sparen Abfall und Kosten.
- Wiederverwendbare Verpackungen beispielsweise aus Glas oder Porzellan sollten verwendet werden. **Einweggeschirr** sollte man nicht verwenden. Wenn Einweggeschirr verwendet werden muss, sollten Materialien wie Pappe oder Palmblatt genommen werden. Einweggeschirr aus Plastik sollte vermieden werden.
- Verpackungsmaterial sollte an den Lieferanten zurückgegeben werden. Die Lieferanten sind dazu verpflichtet, Verkaufsverpackungen zurückzunehmen.
- Man sollte regional einkaufen. So können Verpackungen meist vermieden werden. Stapelkisten und Fässer, in denen Lebensmittel aufbewahrt werden, können ständig zwischen Händlern und Betrieben ausgetauscht werden.

- Man sollte gut kalkulieren. Zu viel hergestellte Lebensmittel müssen vernichtet werden und verursachen nur Kosten, da sie an andere Gäste nicht ausgegeben werden.

Was gehört in welche Abfalltonne?

Die verschiedenen Abfälle, die im Gastronomiebetrieb anfallen, sollten wie folgt entsorgt werden.

Abfallbehälter	Was gehört hinein?	Zu beachten!
Biomüll	Obstreste und Gemüsereste, Kaffeefilter, Papierhandtücher, Küchentücher, Schnittblumen, Grünpflanzen	ohne Plastikverpackungen, keine tierischen Bestandteile
Speisereste	Speisereste von Tellern, Fleisch, Knochen, Wurst, Milch und Milchprodukte, Fischabfälle, Eier	auch alles Gekochte
Speiseöl/ Speisefett	Frittierfett, Speisefette, Speiseöle	frei von Verunreinigungen
Papier	Papier, Kartons, Prospekte, Zeitungen, Zeitschriften/Magazine	sauber, Kartons zerlegt
Metall	Alufolie, Konservendosen, Metallverschlüsse	sauber
Glas	Einwegflaschen, Trinkgläser, Glaskonserven, Bruchglas	keine Spiegel, frei von Metallverschlüssen, getrennt in Weißglas und Buntglas
Kunststoffverpackungen	Kunststoffflaschen, Milchtüten und Safttüten, Tetra Pak, Styropor	sauber und leer
Restmüll	Glühbirnen, Hygieneartikel, Dekorationen, Staubsaugerbeutel, Zigaretten, Kehrmüll	kein Sondermüll!
Sondermüll	Säuren und Laugen, Desinfektionsmittel, Farben und Lacke, Batterien	sortenrein, von Spezialfirmen entsorgen lassen

Sätze ergänzen

Sie sehen im Folgenden Satzanfänge oder Satzenden zum Thema „Abfälle in der Küche“. Ergänzen Sie die fehlenden Satzteile, sodass sinnvolle Aussagen entstehen.

- Im Betrieb werden biologische Abfälle ________________.
- ________________ müssen getrennt entsorgt werden.
- Städte und Gemeinden sammeln zusätzlich ________________.
- ________________, denn Großverpackungen sparen Kosten und Müll.
- Verpackungen sollten wiederverwendbar sein, ________________ ________________.
- Lieferanten sind nach der Verpackungsverordnung verpflichtet, ________________.
- ________________ haben meist Verpackungen, die wieder zurückgegeben werden.
- Der Betrieb sollte gut kalkulieren, denn ________________.

6 Ausgewogene Ernährung

Ausgewogene Ernährung bedeutet abwechslungsreich zu essen, schonend zuzubereiten und bewusst **Lebensmittel** auszuwählen, um den täglichen **Energiebedarf** zu decken.

Was ist vollwertige Ernährung?

Die Abbildung zeigt, wie vollwertige Ernährung umzusetzen ist. Die Abbildung teilt das reichhaltige Lebensmittelangebot in sieben Gruppen ein und erleichtert so die tägliche Lebensmittelauswahl. Je größer eine Gruppe, desto mehr sollte aus dieser Gruppe gegessen werden. Lebensmittel aus kleinen Gruppen sollten dagegen sparsam verwendet werden. Für eine abwechslungsreiche Ernährung sollte die Lebensmittelvielfalt der einzelnen Gruppen genutzt werden.

Vollwertige Ernährung

Flüssigkeit
Getreide, Brot, Kartoffeln
Gemüse
Obst
Milch, Milchprodukte
Fisch, Fleisch, Eier
Fette, Öle

Ernährungsempfehlungen sind:

- Wasser und ungesüßten Tee bevorzugen
- Abwechslungsreich und vielfältig essen
- Vollkornprodukte bevorzugen
- Fünfmal am Tag kleine Portionen Obst und Gemüse essen
- Überwiegend pflanzliche Lebensmittel auswählen
- ungesättigte Fett (z.B. Olivenöl) den gesättigten Fetten (z.B. Butter) vorziehen
- Zucker und Salz sparsam dosieren
- Schonende Garmachungsarten bevorzugen
- sich beim Essen Zeit nehmen und bewusst essen
- In Bewegung bleiben und auf das Gewicht achten

Essen Sie abwechslungsreich und vielfältig nach dem Ernährungskreis und den Ernährungsempfehlungen.

Beispiel für eine ausgewogene Ernährung:

Frühstück:	Müsli mit frischen Früchten, Joghurt oder Milch, dazu Früchtetee, eventuell ein Glas Orangensaft
Zwischenmahlzeit:	Belegtes Brot, Butterbrezel oder ein Stück Obst
Mittagessen:	Nudelauflauf oder Suppe mit Beilagensalat
Zwischenmahlzeit:	Obst oder Fruchtjoghurt
Abendessen:	Brotzeitteller, oder gemischter Salat mit Brot

Ausgewogene Ernährung fängt beim Einkauf an

Wussten Sie?

Durch eine schonende Zubereitung (Dämpfen, Dünsten) bleiben die Vitamine und Mineralstoffe enthalten. Außerdem benötigen diese Arten der Zubereitung wenig Fett.

Wie viel Liter sollte man am Tag trinken?

Mindestens 2,5 Liter Flüssigkeit sollte man täglich zu sich nehmen. Mindestens 1,5 Liter Flüssigkeit sollten aus Getränken stammen. Mineralwasser, Schorlen und ungesüßte Früchtetees sind zum Durstlöschen geeignet. Limonaden und Säfte sollten wegen des hohen Kaloriengehalts seltener getrunken werden. Alkohol sollte höchstens ein- bis zweimal pro Woche und nur in Maßen konsumiert werden.

Satzteile verbinden

Verbinden Sie die Satzanfänge und Satzenden zu sinnvollen Sätzen.

Essen Sie in Maßen ... / Trinken Sie viel ... / Nehmen Sie wenig ... / Essen Sie viel ... / Essen Sie sehr viel ... / Essen Sie viel ... / Essen Sie oft ...

... Milch- und Milchprodukte / ... Getreide, Getreideprodukte und Kartoffeln / ... Obst / ... Wasser / ... Fleisch, Wurst, Fisch und Eier / ... Öle und Fette zu sich / ... Gemüse und Salat

1. ______________________

____

2. ______________________

____

3. ______________________

____

4. ______________________

____

5. ______________________

____

6. ______________________

____

7. ______________________

____

Trinken Sie 1,5 bis 2,5 Liter Wasser am Tag.

Leitungswasser mit Zitronenscheiben – ein frischer, gesunder Durstlöscher

Wie viel Energie benötigt der Körper?

Der Energiebedarf des Menschen lässt sich in **Grundumsatz** und **Leistungsumsatz** einteilen. Der Grundumsatz ist der Energiebedarf für lebenswichtige Funktionen. Der Leistungsumsatz ist der Energiebedarf für zusätzliche körperliche Arbeit. Grundumsatz und Leistungsumsatz ergeben zusammen den **Gesamtumsatz.**

Grundumsatz + Leistungsumsatz = Gesamtumsatz

Gesamtumsatz		
Alter	**männlich**	**weiblich**
15 bis 25 Jahre	Ca. 2 900 kcal	Ca. 2 300 kcal
25 bis 65 Jahre	Ca. 2 700 kcal	Ca. 2 100 kcal

Der tägliche Energiebedarf sollte nicht überschritten werden.

Anordnen

Bringen Sie die Getränke in eine „gesunde" Rangfolge. Wovon sollten Sie viel bzw. wenig trinken?

Kaffee – Zitronenlimonade – Mangosaft – Cola – Bier – Hagebuttentee – Apfelschorle – Spezi – Mategetränk – Mineralwasser – schwarzer Tee – Holunderschorle – Energydrink – Malzbier

____

____

____

Zuordnen

Ordnen Sie folgende Tätigkeiten dem jeweiligen Energiebedarf zu.

Schwimmen – Atmung – Schlaf – Kochen – Lesen – Herztätigkeit – Verdauung – Radfahren – Einkaufen gehen – Bürotätigkeit – Joggen – Autofahren – Schwitzen – Blutkreislauf

Grundumsatz:

____

____

Leistungsumsatz:

____

____

7 Nährstoffe in Lebensmitteln

Lebensmittel bestehen aus **Nährstoffen** und Begleitstoffen. Kohlenhydrate, Fette und Eiweiß (Proteine) liefern Energie. Unser Energiebedarf sollte zu ca. 55 % von **Kohlenhydraten**, 30 % von **Fett** und 15 % vom Nährstoff **Eiweiß** gedeckt werden.

Vitamine schützen den Körper und helfen dabei, ihn gesund zu halten. Sie lassen sich in wasserlösliche Vitamine (C, B, Folsäure) und fettlösliche Vitamine (A, D, E, K) einteilen. **Mineralstoffe** regeln wichtige Vorgänge im Körper. Zu Mineralstoffen zählen z. B. Magnesium, Calcium, Eisen und Zink. Vitamine und Mineralstoffe liefern keine Energie.

Ballaststoffe sind unverdauliche „Füllstoffe". Sie regen die Verdauung an und tragen zur Sättigung bei. Die **sekundären** **Pflanzenstoffe** geben den pflanzlichen Lebensmitteln Farbe und Geschmack. Sie helfen der Pflanze zu wachsen und schützen sie vor Schädlingen.

Wussten Sie?

Den sekundären Pflanzenstoffen wird eine entzündungshemmende und antibakterielle Wirkung zugeschrieben.

Die energieliefernden Nährstoffe sind Fett, Kohlenhydrate und Eiweiß. Ballaststoffe, sekundäre Pflanzenstoffe und die Schutzstoffe liefern keine Energie.

In welche Nährstoffgruppen teilt man Lebensmittel ein?

Nährstoffe

Kohlenhydrate	Fett	Eiweiß	Wasser	Mineralstoffe	Vitamine
Energiestoffe		Baustoffe		Schutzstoffe	
in pflanzlichen Lebensmitteln, z. B. Brot, Nudeln	in Öl, Butter, z. B. Wurst, Käse	in allen tierischen Lebensmitteln und Hülsenfrüchten	in Getränken, z. B. Suppen, Obst	in Obst und Gemüse	

Begleitstoffe

Ballaststoffe	Geschmacksstoffe, Duftstoffe, Farbstoffe (sekundäre Pflanzenstoffe)
verdauungsanregend	appetitanregend
in Vollkornprodukten, Obst, Gemüse	in allen pflanzlichen Lebensmitteln

Welche Aufgaben übernehmen Vitamine und Mineralstoffe im Körper?

Vitamin A:	hält Augen, Schleimhäute und Haut gesund
Vitamin C:	stärkt das Immunsystem, unterstützt die Wundheilung
Vitamin D:	lagert Calcium in den Knochen ein
Vitamin E:	dient der Zellerneuerung
Folsäure:	hilft (mit B12 und Eisen) bei der Bildung roter Blutkörperchen
Calcium:	Aufbau von Knochen und Zähnen
Magnesium:	mitverantwortlich für Wachstum von Haut und Haar
Jod:	wichtig für die Funktion der Schilddrüse

Wussten Sie?

Vitamin D wird vom Körper mithilfe von Sonneneinstrahlung gebildet. Es wird nur zu 10 bis 20 % über die Nahrung aufgenommen. Jod und Folsäure sollten bei Kinderwunsch, in der Schwangerschaft und in der Stillzeit zusätzlich eingenommen werden, um die Entwicklung des Kindes nicht zu gefährden.

Durch eine ausgewogene Ernährung wird sichergestellt, dass alle Nährstoffe und Begleitstoffe vom Körper aufgenommen werden und kein Nährstoff- oder Vitaminmangel entsteht. Nahrungsergänzungsmittel wie Vitaminpräparate oder spezielle probiotische Lebensmittel sind bei einer vollwertigen und pflanzenbasierten Mischkost unnötig.

Zuordnen

Ordnen Sie die Lebensmittel den Gruppen zu.

Brezel – Salami – Couscous – Olivenöl – Rindersteak – Tofu – Apfelschorle – Sauerteigbrot – Schinkenwurst – Spiralnudeln – Reis – Fischkäse – Milch – Nüsse – Chips – Schokolade – Linsen – Krapfen

- Kohlenhydratreiche Lebensmittel: ____________________ ____________________
- Fettreiche Lebensmittel: ____________________ ____________________
- Eiweißreiche Lebensmittel: ____________________ ____________________

Unterstreichen

Unterstreichen Sie die folgenden Adjektive in den passenden Farben.

- grün = Geschmack
- gelb = Duft
- rot = Farbe

rot – süß – frisch – hellgelb – fruchtig – sauer – saftig – intensiv – orange – faulig – nussig

8 Unverträglichkeiten und Allergien

Bestimmte **Nahrungsmittel** können bei Menschen leichte bis starke Beschwerden auslösen. Man unterscheidet zwischen **Allergie** und Unverträglichkeit (Intoleranz).

Was ist der Unterschied zwischen einer Allergie und einer Unverträglichkeit?

Bei einer Allergie reagiert das Immunsystem mit einer Abwehrreaktion. Die Abwehrreaktion kann sich z. B. in Kopfschmerzen, Juckreiz oder Ausschlag, Bauchkrämpfen mit Blähungen und Durchfall oder Atembeschwerden zeigen. Da sich das Immunsystem des Körpers verändern kann, können Allergien sofort nach dem Essen oder auch erst nach einiger Zeit auftreten. Häufige Allergien gibt es gegen Fisch, Nüsse, Hülsenfrüchte, Ei, Milch oder bestimmte Obstsorten. Man spricht von einer Nahrungsmittelsensibilität, wenn die Symptome nur leicht oder nicht vorhanden sind. Eine Unverträglichkeit gegen bestimmte Lebensmittel tritt dagegen sofort auf.

Was ist eine Laktoseintoleranz?

Die häufigste Nahrungsmittelunverträglichkeit ist die Milch(zucker)unverträglichkeit, die sogenannte **Laktoseintoleranz.**

Wussten Sie?

In Asien leidet über 90 % der Bevölkerung an Laktoseintoleranz. In Deutschland leiden nur circa 15 % bis 20 % der Menschen daran. In der deutschen Esskultur haben Milchprodukte seit Jahrhunderten einen hohen Stellenwert.

Beschwerden nach Milchgenuss: Laktoseintoleranz

Pflanzendrinks aus Hafer, Soja, Kokos und Mandel

Was sind die Alternativen zu Milch?

Alternativen zu Milch sind beispielsweise Pflanzendrinks aus:

- Getreidemilch (z. B. Hafer),
- Sojamilch,
- Kokosmilch,
- Mandelmilch.

Diese Getränke sind momentan in Deutschland sehr stark im Trend. Sie werden oft auch von Menschen verzehrt, die nicht an Laktoseintoleranz leiden.

Wussten Sie?

Milchersatzgetränke sind kein „Ersatz" für Milch. Wichtige Nährstoffe, die in der Milch enthalten sind, fehlen (z. B. Calcium, B2 und B12 sowie Jod).

Situation: Im Café bedient die Kellnerin einen neuen Kunden.

Kellnerin: „Guten Tag, was darf ich Ihnen bringen?"

Kunde: „Ich hätte gerne einen Cappuccino, aber ich vertrage keine Milch. Haben Sie eine Alternative für mich?"

Kellnerin: „Ja, ich kann Ihnen den Cappuccino mit Sojamilch oder Hafermilch zubereiten."

Kunde: „Leider mag ich diese Produkte nicht. Haben Sie Mandelmilch?"

Kellnerin: „Lassen Sie mich kurz nachsehen ... Leider nein, aber ich habe Reismilch!"

Kunde: „Wunderbar, vielen lieben Dank für Ihre Bemühungen!"

Kellnerin: „Gerne! Haben Sie sonst noch einen Wunsch?"

Kunde: „Ja, ein Glas Wasser ohne Kohlensäure, bitte!"

Kellnerin: „Natürlich, kommt sofort."

Was ist eine Glutenintoleranz?

Die Lebensmittelunverträglichkeit gegenüber Klebereiweiß wird **Glutenintoleranz** genannt. Gluten ist in Weizen, Dinkel, Gerste, Roggen oder Hafer enthalten. Nur ca. 2 % der Bevölkerung leiden an einer „echten" Glutenintoleranz. Sie wird auch Zöliakie genannt.

Zuordnen

Ordnen Sie die Wörter den Milchprodukten auf dem Bild zu:

Vollmilch – Joghurt – Käse – Hüttenkäse – Butter

Verbinden

Schreiben Sie das passende Synonym neben den Begriff.

Nahrungsmittel – Laktose – Klebereiweiß – Unverträglichkeit – Ersatz

- ⇨ Lebensmittel: ________
- ⇨ Intoleranz: ________
- ⇨ Milchzucker: ________
- ⇨ Alternative: ________
- ⇨ Gluten: ________

Ankreuzen

Kreuzen Sie glutenfreie Nahrungsmittel an.

☐ Roggen; ☐ Quinoa; ☐ Dinkel; ☐ Hirse; ☐ Weizen; ☐ Amaranth; ☐ Tapioka; ☐ Gerste; ☐ Hafer; ☐ Reis; ☐ Buchweizen

9 Krank durch Lebensmittel

Lebensmittel können auch krank machen. Dabei gilt für Deutschland: Oft sind nicht die Lebensmittel die Ursache. Die Menschen gehen aber oft falsch mit ihnen um. Ein falscher Umgang mit Lebensmitteln kann auf vielfältige Weise geschehen.

Welche ernährungsabhängigen Krankheiten gibt es?

Ernährungsabhängige Krankheiten sind Krankheiten, die durch zu viel, zu wenig oder falsche Ernährung entstehen oder beeinflusst werden.

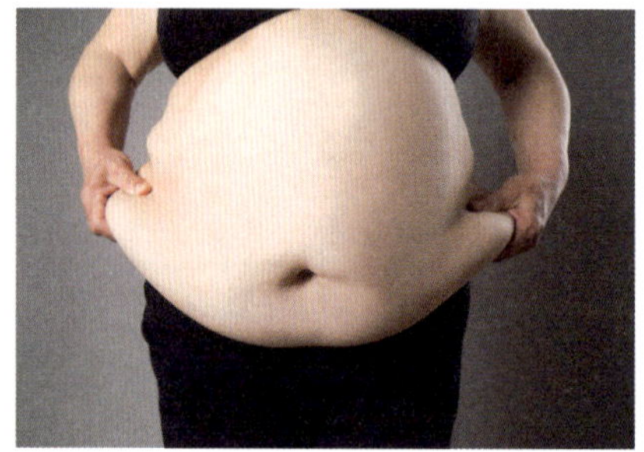

Falsche Ernährung kann zu Übergewicht und Fettleibigkeit führen

In mehreren Ländern Afrikas und Asiens gibt es Regionen, deren Bewohner nicht ausreichend Nahrung bekommen. Die Folge sind Krankheiten durch einen Energiemangel und/oder Nährstoffmangel. Im Gegensatz dazu verzehren Menschen in Mitteleuropa und Nordamerika zu viel oder falsche Nahrung. Auch dies verursacht Krankheiten. Die Folge ist eine beeinträchtigte Gesundheit, durch die es auch zum Tod kommen kann.

In der folgenden Tabelle sind Krankheiten aufgelistet, die entweder „ernährungsbedingt“ oder „durch die Ernährung beeinflussbar“ sind.

Ernährungsabhängige Krankheiten (in Mitteleuropa und Nordamerika)	
ernährungsbedingt	**beeinflussbar durch die Ernährung**
➪ Übergewicht und Fettleibigkeit ➪ Diabetes mellitus (Zuckerkrankheit) ➪ Herz-Kreislaufkrankheiten ➪ Fettstoffwechselstörungen ➪ Bluthochdruck ➪ Gicht ➪ Fettleber und Leberzirrhose ➪ Lebensmittelunverträglichkeiten ➪ Mangelernährung (Energie, Eiweiß, Vitamine, Mineralstoffe) ➪ Schilddrüsenkrankheiten (Jodmangel) ➪ verschiedene Krebsarten ➪ Zahnkaries	➪ Herzschwäche ➪ Nierenversagen ➪ Leberversagen ➪ Bauchspeicheldrüsenkrankheiten ➪ Krankheiten des Magen-Darm-Traktes ➪ Epilepsie ➪ Knochenerkrankungen ➪ Rheuma ➪ verschiedene Stoffwechselkrankheiten

Die erkrankten Menschen leiden nicht nur selbst an den ernährungsabhängigen Krankheiten. Die Krankheiten verursachen auch Kosten: Behandlungskosten, Kosten durch Arbeitsausfall und Kosten durch Arbeitsunfähigkeit. Diese Kosten machen in Deutschland inzwischen mehr als die Hälfte aller anfallenden Kosten für Krankheiten aus. Aus diesem Grund versuchen beispielsweise Politiker, durch verschiedene Programme und Aufklärung auf das Problem aufmerksam zu machen. Dadurch soll die Zahl der ernährungsabhängigen Krankheiten gesenkt werden.

Was versteht man unter Lebensmittelinfektionen?

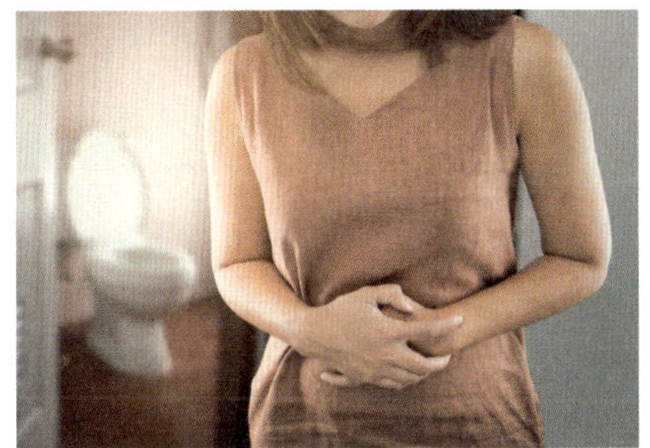

Falsche Ernährung kann zu Magen-Darm-Erkrankungen führen

In Deutschland registrieren die Gesundheitsämter pro Jahr etwa 200 000 Lebensmittelinfektionen. Auslöser dieser Krankheiten sind vor allem Bakterien und Viren, die sich in und auf Lebensmitteln befinden.

Beispiel:

Wichtige Krankheitserreger, die in Lebensmitteln vorkommen können, sind Salmonellen, Campylobacter, Noroviren, Legionellen und Listerien. Sie verursachen vor allem Magen-Darm-Erkrankungen.

Mikroorganismen sind Bestandteile unserer Umwelt. Die meisten Mikroorganismen stellen für den Menschen kein Problem dar. Allerdings können krankmachende Mikroorganismen durch unsaubere Hände oder Geräte und Maschinen auf Lebensmittel übertragen werden. Mikroorganismen können sich bei Temperaturen zwischen 20 und 50 °C besonders gut vermehren. Sie können dann auch erheblichen Schaden anrichten. Besonders kritische Lebensmittel sind Fleisch, Geflügelfleisch, Fisch, Meeresfrüchte, Eier und ihre Produkte sowie Milch und Milchprodukte. Der Verbreitung von krankmachenden Keimen kann man vorbeugen:

Zusammengesetzte Wörter

Suchen Sie zu den folgenden zusammengesetzten Begriffen weitere Möglichkeiten, wie man neue zusammengesetzte Wörter bilden kann.

- Ernährungsabhängig: *Ernährungsform,* ______
- Nährstoffmangel: *Nährstoffaufnahme,* ______
- Nordamerika: *Nordseite,* ______
- Behandlungskosten: *Behandlungszimmer,* ______
- Arbeitsunfähigkeit, *Arbeitstag,* ______
- Gesundheitsämter: *Gesundheitszustand,* ______
- Mikroorganismen: *Mikrochip,* ______
- krankmachend: *krankfeiern,* ______
- Geflügelfleisch: *Geflügelfarm,* ______
- Kühlschrank: *Kühltasche,* ______
- unverträglich: *unsauber,* ______

- auf Hackfleisch und Rohmilch verzichten, da diese natürlicherweise viele Keime haben,
- Geflügelfleisch, Hackfleisch und Bratwurst immer gut erhitzen, um alle Mikroorganismen abzutöten,
- Kühlschrank auf Temperaturen zwischen 4 und 7 °C einstellen, bei diesen Temperaturen vermehren sich Keime nur langsam,
- auf die persönliche Hygiene achten,
- Rohwaren immer getrennt von bereits gegarten Lebensmitteln lagern, um keine Mikroorganismen zu übertragen,
- alle Küchengeräte immer gründlich reinigen.

Wie kommt es zu Lebensmittelvergiftungen?

Einige Lebensmittel enthalten natürlicherweise Stoffe, die für den Menschen unverträglich oder sogar giftig sind. Diese sollte man kennen, um mit ihnen richtig umzugehen und sich und anderen keinen Schaden zuzufügen. So bilden einige Pilze Gifte, die für den Menschen oft nicht verträglich sind. Der giftige Stoff Solanin kommt in grünen Kartoffeln und Tomaten vor. Atropin kommt in Tollkirschen und Stechapfel vor. Auch Meeresfrüchte können – zu ungünstigen Zeiten geerntet – verschiedene Gifte enthalten.

Grüne Tomaten und gekeimte Kartoffeln aussortieren

Es gibt Lebensmittel, die grundsätzlich giftig sind. Sie sollten auf keinen Fall verzehrt werden. Hierzu gehören verschiedene Pilze (Grüner Knollenblätterpilz) oder Körperteile von Tieren (Kugelfisch). Andere Lebensmittel können verzehrt werden, wenn bestimmte Regeln beachtet werden.

Beispiel:

Durch Erhitzen zerstört man schädliche Stoffe in Kohl und Bohnen. Kartoffeln und Tomaten sind sehr wertvolle Lebensmittel, wenn man grüne Stellen entfernt.

Collage erstellen

Versuchen Sie, die Aussagen des Textes zu den ernährungsabhängigen Krankheiten in Bilder zu fassen. Suchen Sie dafür in Zeitungen, Magazinen oder im Internet Bilder heraus, die nach Ihren Vorstellungen die Krankheiten darstellen, die durch die Ernährung ausgelöst oder beeinflusst werden.

Für die Erstellung einer Collage gibt es keine Vorschriften. Gestalten Sie sie so, wie Sie gerne möchten!

10 Esskulturen

Der Begriff „Esskultur“ umfasst regionale und traditionelle Speisen, Zubereitungsarten und **Tischsitten** einer Gemeinschaft. Verfügbare Lebensmittel, die Jahreszeit, Feiertage und Feste prägen die Esskultur. Industrialisierung, Migration und Globalisierung verändern die Esskulturen weltweit. Dadurch haben sich auch die Essgewohnheiten in Deutschland stark verändert.

Wie hat sich die Esskultur in Deutschland gewandelt?

Die traditionelle deutsche Küche ist sehr deftig. Ein Hauptgericht besteht meistens aus Fleisch oder Wurst, einer Sättigungsbeilage und einer Gemüsebeilage. Oft wird auch Salat als Beilage gegessen. Heutzutage müssen die Gerichte leicht und gesund und schnell zuzubereiten sein. In der modernen Küche verschmelzen die Nationalitäten und Essgewohnheiten. Dieser neue Stil wird als Fusionsküche bezeichnet. Es wird in Deutschland außerdem Wert auf nachhaltig, biologisch und fair erzeugte Lebensmittel gelegt.

Typisch deutsches Essen: Spargel mit Schinken und Kartoffeln

Food-Trend: hawaiianische Poke-Bowl

Welche Tischsitten und Tischmanieren gelten in Deutschland?

„Andere Länder, andere Sitten“ ist ein deutsches Sprichwort. In jedem Kulturkreis herrschen andere Sitten und Manieren. Im deutschsprachigen Raum gelten folgende Tischsitten und Tischmanieren:

- mit dem Essen gleichzeitig starten,
- Gabel links und Messer rechts halten,
- gerade sitzen und die Gabel oder den Löffel zum Mund führen,
- mit geschlossenem Mund kauen,
- leise essen, nicht schlürfen oder schmatzen,
- nicht mit vollem Mund sprechen,
- Serviette zum Mund abtupfen verwenden,
- Hände über dem Tisch halten,
- Vorarm und Ellenbogen nicht auf dem Tisch ablegen.

Die deutsche Esskultur ist vielfältig und durch internationale Einflüsse geprägt. Das Einhalten der Tischsitten und Tischmanieren gilt als höflich.

Wie werden die Mahlzeiten genannt und aus was bestehen sie?

Morgens wird das Frühstück gegessen. Es besteht aus Brot, Brötchen, Wurst, Käse, Marmelade, Honig, Müsli oder Joghurt. Dazu wird Kaffee oder Tee getrunken. Vormittags wird in der Schule das Pausenbrot gegessen. Das ist meist ein belegtes Brot oder Sandwich und ein Stück Obst. Die Hauptmahlzeit wird entweder mittags oder abends eingenommen. Ein warmes Essen wird mittags Mittagessen und abends Abendessen genannt. Eine kalte Mahlzeit am Nachmittag heißt Brotzeit, am Abend ist es das Abendbrot.

Die Mahlzeiten werden in drei Hauptmahlzeiten eingeteilt: Frühstück, Mittagessen und Abendessen.

Reichhaltiges Frühstück

Brotzeit oder Abendbrot: Wurstbrot mit Essiggurke

Wussten Sie?

Im Restaurant gibt es oft eine Mittagskarte. Die Gerichte aus der Mittagskarte sind kleiner und günstiger und werden schnell serviert.

Leitungswasser wird üblicherweise nicht umsonst ausgeschenkt. Man bestellt Tafelwasser oder Mineralwasser.

In Deutschland gibt man durchschnittlich 10 % Trinkgeld bei gutem Service.

Verbinden

Verbinden Sie die Satzteile zu sinnvollen Sätzen.

leise essen, nicht schlürfen ... / Vorarm und Ellenbogen ... / nicht mit vollem Mund ... / Gabel links und Messer ... / mit geschlossenem ... / Serviette zum Mund ... / Hände über ... / gerade sitzen und die Gabel oder den Löffel ... / mit dem Essen ...

... rechts halten / ... abtupfen verwenden / ... zum Mund führen / ... nicht auf dem Tisch ablegen / ... oder schmatzen / ... gleichzeitig starten / ... Mund kauen / ... sprechen / ... dem Tisch halten

11 Getreide, Getreideprodukte, Kartoffeln

Situation

Younes möchte eine Ausbildung zum Koch machen. Seine Schwester Aleyna interessiert sich für eine Ausbildung zur Hauswirtschafterin. Während ihres ersten Praktikums in einem Hotel sind sie in der Küche eingesetzt.

Heute kommt eine große Lieferung unterschiedlicher Lebensmittel an. Sie sollen gemeinsam mit einer Auszubildenden die Lebensmittel im Lager einordnen. Weder Younes noch Aleyna kennen viele der Lebensmittel. Um keine Fehler beim Einlagern zu machen, lassen sie sich von der Auszubildenden die verschiedenen Produktgruppen erklären.

Getreide sind die Samen von Gräsern. Bereits die Urmenschen nutzten Getreide als wichtigstes Grundnahrungsmittel. Brot und Teigwaren (z. B. Pasta) sind wichtige Produkte aus Getreide. In Deutschland werden vor allem folgende Getreidesorten verwendet:

Abbildung	Name	Beschreibung	Verwendung
	Weizen	stammt aus dem Orient, wichtigstes Getreide, Urformen sind Dinkel, Grünkern und Emmer	Weichweizen für Brot, Hartweizen für Teigwaren, auch als **Bindemittel**
	Roggen	stammt aus dem Kaukasus, in Deutschland wichtiges Getreide, auch als Tierfutter	wichtiges Brotgetreide (Sauerteigbrot), Müslis, im Restaurant kaum Bedeutung
	Gerste	stammt aus dem vorderen Orient und dem Balkan, unempfindliches Nutzgetreide	Bierherstellung, Whiskyherstellung
	Hafer	stammt aus Südwestasien, unempfindliches Getreide, fettreicher als andere Getreidesorten	Tierfutter, in Müsli, allein nicht als Brotgetreide geeignet
	Mais	stammt aus Amerika, in Europa weniger für menschliche Ernährung genutzt	bei uns mehr als Gemüse verwendet, auch als Bindemittel, Popcorn

Abbildung	Name	Beschreibung	Verwendung
	Hirse	stammt aus Afrika, ältestes Getreide, das vom Menschen genutzt wird	Herstellung von traditionellem Getreidebrei
	Reis	stammt aus Ostasien, heute auch im Mittelmeerraum angebaut	**Sättigungsbeilage** zu verschiedenen Gerichten, vielfältiges Angebot unterschiedlicher Reissorten

Viele Getreide werden gemahlen und als Mehle verwendet. Der Müller unterscheidet Mehl nach seiner **Typenzahl**. Die Typenzahl gibt an, wie viele Mineralstoffe in 100 Gramm Mehl enthalten sind. In der Küche wird fast ausschließlich Weizenmehl der Type 405 verwendet. Das bedeutet, dass in 100 Gramm von diesem Mehl 405 Milligramm Mineralstoffe enthalten sind.

Mehl mit höheren Typenzahlen wird für die Herstellung von Brot und anderen Getreideprodukten verwendet.

Wie wird Getreide in der Küche verwendet?

Getreide wird fast immer in Form von Mehl in der Küche verwendet. Typische Produkte sind Teigwaren, Brot und Brötchen, verschiedene Teige, Pfannkuchen, Torten und Kuchen. In der vegetarischen und veganen Küche kommen auch grob geschrotete und ganze Getreidekörner vor. Sie können als Hackfleischersatz oder als Getreidebratlinge verwendet werden. Ganze gekochte Getreidekörner können in Suppen, Gemüsespeisen oder Salate gegeben werden.

Weizenmehle und Roggenmehle mit einer hohen Typenzahl (Type 1370 oder Type 1740) werden für die Herstellung der typischen deutschen Vollkornbrote verwendet.

In einigen Betrieben wird Brot selbst hergestellt. Dafür wird Mehl mit Wasser, Salz und einem **Triebmittel** (Hefe oder Sauerteig) verarbeitet. Je nach Mehl und weiteren Rohstoffen (Nüsse und Samen, Gewürze und Kräuter) entstehen sehr unterschiedliche Produkte. Die Brote bietet man zum Frühstück, als Beigabe zur Suppe oder als Brotkorb zum Bankett an.

Zusammengesetzte Wörter bilden

In der deutschen Sprache werden sehr häufig Wörter zusammengesetzt. Sie sollen dies nun selbst ausprobieren. Ihnen wird ein zusammengesetztes Wort vorgegeben, Sie sollen zum hinteren Teil des Wortes ein passendes vorderes Wort finden.

Auch **Teigwaren** stellen viele Köche selbst her. Zwar gibt es eine große Vielfalt an getrockneten und frischen Produkten im Handel. Selbst hergestellte Pasta ist aber sehr frisch und sehr vielfältig zu variieren. Für die Herstellung werden Mehl oder Grieß mit Eiern und Salz zu einem glatten Nudelteig verarbeitet. Von Hand oder mit einer Nudelmaschine bearbeitet bekommt der Teig schließlich seine Form. Die **Garzeit** der Produkte liegt zwischen 30 Sekunden (sehr dünne Spaghetti) und 5 Minuten (gefüllte Ravioli). Die deutsche Variante der italienischen Pasta sind Spätzle.

Verschiedene Sorten Brot und Brötchen

Teigwaren: verschiedene Sorten

Die Vielfalt der Formen für Teigwaren stammt aus der italienischen Küche. Uns stehen heute kleine Formen wie Fettuccine oder Linguine, große Formen wie Maccheroni und Spaghettoni sowie füllbare Produkte wie Cannelloni, Tortelloni oder Ravioli zur Verfügung.

Reis wird in Deutschland fast ausschließlich als Sättigungsbeilage angeboten. Zwar sind viele Reissorten auf dem Markt, die Gastronomie beschränkt sich aber meist auf ein kleines

Risottogericht

- ➩ Urmensch: *Mitmensch,* __________
- ➩ Getreidesorten: *Brotsorten,* __________
- ➩ Bindemittel: *Finanzmittel,* __________
- ➩ Tierfutter: *Hundefutter,* __________
- ➩ Bierherstellung: *Whiskyherstellung, Käseherstellung,* __________
- ➩ fettreicher: *stärkereicher,* __________
- ➩ Sättigungsbeilage: *Zeitungsbeilage,* __________
- ➩ Mineralstoffe: *Baustoffe,* __________
- ➩ Weizenmehl: *Roggenmehl,* __________
- ➩ Brotkorb: *Einkaufskorb,* __________
- ➩ Nudelteig: *Hefeteig,* __________
- ➩ Garzeit: *Pausenzeit,* __________
- ➩ Weißreis: *Langkornreis,* __________
- ➩ Reisgericht: *Nudelgericht,* __________

Angebot: klassischer Weißreis, Basmatireis oder Jasminreis werden entweder gekocht oder im Reiskocher gedämpft. Hin und wieder werden diese Produkte mit Wildreis, rotem, grünen oder schwarzem Reis ergänzt, um Farbtupfer zu setzen.

Einzelne Reisgerichte sind Risotto oder Pilawreis. Bei beiden handelt es sich um gequollene Reisgerichte, die nicht in Wasser, sondern in Brühe und/oder Wein gegart sind. Eine spezielle Konsistenz und weitere Beigaben charakterisieren die Gerichte außerdem.

Warum sind Kartoffeln so beliebt in Deutschland?

In Deutschlands Küchen sind Kartoffeln als Beilage oder auch als Einzelgericht besonders beliebt. Nach dem Stärkegehalt werden Kartoffeln in festkochend (geringer Stärkegehalt), vorwiegend festkochend (mittlerer Stärkegehalt) und mehlig kochend (hoher Stärkegehalt) unterschieden. Nach dieser Einteilung werden Kartoffeln auch unterschiedlich in der Küche verarbeitet.

Kartoffeln: verschiedene Sorten

Festkochende Kartoffeln haben eine feste Konsistenz. Die Schale platzt beim Kochen nicht auf, beim Braten bräunen sie nur gering. Je nach Sorte schmecken festkochende Kartoffeln kräftig bis mild. Typische Produkte aus diesen Kartoffeln sind Kartoffelsalat, Pellkartoffeln, Gratins, Salzkartoffeln, Rosmarinkartoffeln und andere, bei denen die Kartoffel entweder ganz bleibt oder in stabile Scheiben geschnitten wird. Attraktive Farben und Formen kommen so besonders gut zur Geltung.

Kartoffelsalat

Vorwiegend festkochende Kartoffeln haben eine etwas lockerere Konsistenz als festkochende Kartoffeln. Durch diese lockere Struktur binden sie gut Soßen. Sie zeigen eine schöne Bräunung beim Frittieren oder Braten. Die Schale platzt beim Kochen leicht auf. Je nach Sorte schmecken die Kartoffeln mehr oder weniger kartoffeltypisch. Vorwiegend festkochende Kartoffeln werden gerne für Salzkartoffeln und Pellkartoffeln, Rösti, Bratkartoffeln, Reibekuchen oder Pommes frites ausgewählt.

Pommes frites

Mehlig kochende Kartoffeln haben eine leicht mehlige Konsistenz und zerfallen beim Kochen. Die enthaltene Stärke macht sie weich. Während des Kochens platzt die Schale auf. Das Fleisch der mehlig kochenden Kartoffel ist trocken und grob, sodass es sich leicht zerkleinern lässt. Produkte wie Kartoffelpüree, Gnocchi, Schupfnudeln, Klöße, Kroketten, Suppen und Eintöpfe sind klassische Speisen aus mehlig kochenden Kartoffeln.

Gnocchi

Wussten Sie?

Kartoffeln stammen ursprünglich aus Südamerika und wurden in Europa von wohlhabenden Menschen zunächst als Zimmerpflanzen verwendet. Erst ab der Mitte des 17. Jahrhunderts wurde die Kartoffel europaweit zum Grundnahrungsmittel für die Bevölkerung.

Kartoffeln lassen sich gut im Betrieb lagern. Es ist darauf zu achten, dass die Lagertemperatur nicht unter 0 °C sinkt. Bei zu niedrigen Temperaturen kommt es zum Stärkeabbau, die Kartoffeln schmecken süß. Kartoffeln dürfen keine Keimstellen und Druckstellen haben. Die Schale sollte glatt sein. Grüne Stellen sind ein Hinweis, dass die Kartoffeln Licht ausgesetzt waren. Hier hat sich Solanin gebildet. Dieses Gift wird durch Kochen nicht zerstört.

Kartoffeln muss man dunkel lagern. Kartoffelkisten sind eine gute Lagermöglichkeit.

12 Gemüse und Salat

Was ist Gemüse?

Gemüse stammt meistens von einjährigen Pflanzen, Obst stammt in der Regel von mehrjährigen Pflanzen. Gemüse kann roh oder zubereitet verzehrt werden. Gemüse werden in verschiedene Gruppen eingeteilt. Die Sorten haben jeweils ähnliche Eigenschaften.

Abbildung	Name	Beschreibung	Beispiele
	Blattgemüse	Verzehrt werden die jungen Blätter. Sie sind ab dem Frühjahr zu kaufen.	Blattsalate, Spinat und Mangold, Weinblätter und Fenchel
	Blütengemüse	Verzehrbare Blüten sind win den letzten Jahren in Deutschland beliebt geworden.	Artischocken, die Blüten von Zucchini und essbare Blüten von Kräutern und Blumen
	Fruchtgemüse	Alle Fruchtgemüse sind Sommergemüse. Der Kürbis ist eine Ausnahme.	Tomaten, Gurken, Paprika, Chili, Zucchini, Auberginen, Kürbis
	Kohlgemüse	Viele Kohlgemüse besitzen besondere Aromastoffe, die die Verdauung anregen. Die meisten Kohlgemüse sind im Herbst/Winter erhältlich.	Blumenkohl, Rotkohl, Weißkohl, Kohlrabi, Rosenkohl, Brokkoli, Chinakohl, Wirsing, Grünkohl und Spitzkohl
	Sprossengemüse	Feine Sprossen werden eher in kalten Gerichten verwendet. Gröbere Sprossen werden in warmen Gerichten verwendet.	Sprossen aus Getreide oder Hülsenfrüchten (Linsen, Erbsen) oder Sprossen aus Gemüsesamen (Kresse, Sesam)
	Stängelgemüse/ **Stielgemüse**	Verzehrt wird ein Wurzelteil, der aus der Erde wächst.	Weißer und grüner Spargel, Bambussprossen.
	Wurzelgemüse/ Knollengemüse	Wurzelgemüse sind ab dem Sommer in bester Qualität zu kaufen, in großen Mengen kommen sie im Herbst auf dem Markt.	Karotten, Möhren, Schwarzwurzeln, Steckrübe, Rote Bete, Knollensellerie, Pastinaken, Rettich, Radieschen

Abbildung	Name	Beschreibung	Beispiele
	Zwiebelgemüse	Die feinen Zwiebelgemüse sind ab dem Frühling, die gröberen Zwiebelgemüse im Sommer und Herbst am besten.	Speisezwiebeln, Gemüsezwiebeln, Knoblauch, Porree/Lauch, Frühlingszwiebeln
	Hülsenfrüchte	Hülsenfrüchte werden bei uns in frischer (Bohnen, Erbsen) sowie in getrockneter Form (Bohnen, Linsen) angeboten.	Grüne Bohnen, Kidneybohnen, grüne, gelbe und rote Linsen
	Speisepilze	Speisepilze gehören streng genommen nicht zu den Gemüsen, werden in den Küchen aber meist wie Gemüse verwendet.	Austernpilze, Champignons, Kräuterseitlinge, Braunkappen, Morcheln, Pfifferlinge, Shiitake, Steinpilz, Trüffel (besonders wertvoll)

Gemüse kann auch nach anderen Kriterien eingeteilt werden. Je nach Anbauform wird zwischen Wildgemüse und Kulturgemüse, Freilandgemüse und Treibhausgemüse, heimischem und exotischem Gemüse unterschieden. Andere unterscheiden nach der Struktur der Pflanzenzellen in Feingemüse und Grobgemüse.

Beispiele:

Typische Wildgemüse sind Wildkräuter wie Bärlauch, wilder Feldsalat, Löwenzahn oder Minze. Beispiele für Kulturgemüse sind Tomaten, Zucchini oder Paprika.

Im Freiland wird bei uns heimisches Gemüse wie verschiedene Kohlgemüse angebaut. Im Treibhaus gedeihen die empfindlichen Produkte wie Frühkohlrabi, Kopfsalat, Salatgurken und Tomaten.

Neben den Kohlsorten sind auch verschiedene Hülsenfrüchte heimische Gemüse. Zu den exotischen Produkten zählen Okraschoten, Artischocken, Kochbananen, Pak Choi, Süßkartoffeln oder Bambussprossen.

Unter Feingemüse werden Blattgemüse, Fruchtgemüse und Kräutergemüse zusammengefasst. Die Grobgemüse mit einem hohen Anteil an unverdaulicher Cellulose sind Stängelgemüse, Hülsenfrüchte, Kohl-, Wurzel- und Zwiebelgemüse.

Zuordnunen

Ordnen Sie die folgenden Gemüsesorten den Gemüsegruppen zu, die sie kennengelernt haben.

Geranienblüte – Chicorée – Bambussprossen – gelbe Linsen – Zucchini – Kapuzinerkresse – Brokkoli – Fenchel – Eichblattsalat – Jasminblüte – rote Zwiebel – dicke Bohne – Peperoni – Wirsing – Feldsalat – Kichererbsen – Gemüsezwiebel – Mungobohnen – Kohlrabi – Chinakohl – Senfsprossen – Morchel – Rettichsprossen – Meerrettich – Perlzwiebel – Trüffel – Römersalat – Shiitake – Schalotte – Radieschen – Kürbis – Auberginen – Wurzelpetersilie – Artischocke – Rucola – Gurke – Zucchiniblüte – grüne Bohne

Wie wird Gemüse eingekauft und gelagert?

Der Gast soll immer mit besten Speisen versorgt werden. Deshalb kauft der Betrieb ausschließlich qualitativ einwandfreie Gemüse ein. Im À-la-carte-Restaurant eignen sich Gemüsesorten der EU-**Güteklasse** „Extra“ oder „I“. Extra-Produkte weisen keine sichtbaren Fehler auf. Sie werden dem Gast im Ganzen präsentiert. Gemüse der Güteklasse I können kleine Fehler haben. In Gemüsemischungen sind einzelne Früchte oder Knollen nicht mehr im Ganzen sichtbar. Kleine Fehler fallen nicht auf. Gemüse der Güteklasse II verwendet man in der professionellen Küche nur dann, wenn diese stark zerkleinert werden.

Grundsätzlich sollte nur frisches und einwandfreies Gemüse eingekauft werden. Für die meisten Sorten gilt: Eine kühle und dunkle Lagerung erhält die Frische und die Verwendbarkeit des Gemüses. Gemüse sollte außerdem niemals gemeinsam mit Obst gelagert werden. Denn unter dem Einfluss von Obst wird die Reifung von Gemüse beschleunigt, die Haltbarkeit sinkt. Wie lange Gemüse gelagert werden kann, ist sehr unterschiedlich. Als Grundregel gilt: Blattgemüse ist höchstens ein paar Tage lagerbar, Knollengemüse ist bis zu mehrere Monate lagerbar. Da bei der Lagerung Verluste an wichtigen Nährstoffen entstehen, sollte Gemüse möglichst frisch eingekauft und auch verarbeitet werden.

Welche Besonderheiten müssen beachtet werden?

Gemüse sind wichtige Lieferanten von Nährstoffen wie Vitaminen, Mineralstoffen und sekundären Pflanzenstoffen. Die meisten Gemüse liefern nur wenig Energie. Bei einigen Gemüsen sollte man Regeln bei der Verarbeitung beachten:

- Rohe Bohnen enthalten das Gift Phasin. Bohnen müssen 15 Minuten gekocht werden, um das Gift Phasin zu zerstören. Phasin verursacht Übelkeit, Erbrechen und Darmbeschwerden.
- Verschiedene Kohlsorten enthalten Thioglycoside. Thioglycoside schädigen die Schilddrüse. Thioglycoside werden durch Kochen zerstört.

- Blattgemüse: ____________________
- Blütengemüse: ____________________
- Fruchtgemüse: ____________________
- Kohlgemüse: ____________________
- Sprossengemüse: ____________________
- Stängelgemüse: ____________________
- Wurzelgemüse: ____________________
- Zwiebelgemüse: ____________________
- Hülsenfrüchte: ____________________
- Speisepilze: ____________________

- Kartoffeln und Tomaten enthalten an grünen Stellen Solanin. Solanin ist giftig. Die grünen Stellen müssen herausgeschnitten werden.

Gemüse sollte man schonend und vorsichtig behandeln. Wenn Gemüse schonend verarbeitet wird, bleiben wichtige Inhaltsstoffe erhalten. Außerdem bleiben Farbe und Struktur des Gemüses besser bestehen.

Wie sollte man Gemüse verarbeiten?

Gemüse schonend dämpfen

Um die wertvollen Inhaltsstoffe von Gemüse nicht zu zerstören, sollte Gemüse

- immer gründlich, aber nicht zu lange gewaschen werden,
- nicht gewässert werden,
- so wenig wie möglich zerkleinert werden,
- nur schonend gegart werden (dünsten, dämpfen).

Es können nahezu alle Garverfahren für alle Gemüse angewandt werden. Man sollte aber die Garverfahren auswählen, die gut passen.

Art	Beschreibung	Anwendung
Kochen und Dämpfen	Garen in viel Flüssigkeit oder Garen im heißen Wasserdampf	Diese Methode eignet sich besonders für feste Gemüsesorten (Wurzelgemüse und verschiedene Kohlarten). Im Anschluss können Verfeinerungen wie Karamellisieren/Glasieren, gratinieren oder À-la-crème-Abwandlungen angewandt werden.
Schmoren	Anbraten, ablöschen mit passender Flüssigkeit und anschließendes Garen in Flüssigkeit	Dieses Garverfahren ist für feste Gemüsesorten (Kohlgemüse oder Wurzelgemüse) passend.
Grillen	Garen durch sehr hohe Strahlungswärme	Um Gemüse grillen zu können, benötigt es einen ausreichenden Wasseranteil. Hierzu zählen insbesondere Fruchtgemüse. Werden feste Gemüse gegrillt (Knollengemüse), sollten sie vorgegart werden.
Frittieren	Garen in heißem, umlaufendem Fett	In der Regel werden die Speisen in einen Backteig getaucht und anschließend ausgebacken. Auch hierfür ist etwas Festigkeit wichtig (Blumenkohl, Brokkoli, verschiedene Pilze). Zarte Gemüse werden durch die einwirkende Hitze und die Bewegung im Fettbad zerstört.
Rohkost	Zubereitung ohne Garverfahren	Fast alle Gemüse können roh verzehrt werden. Für viele Gemüse ist dies die ideale Zubereitungsart. Die feine Struktur der Pflanzen wird nicht zerstört und der Geschmack nicht durch zusätzliche Beigaben überlagert. Die Nährstoffe bleiben erhalten. Reif geerntetes Gemüse der Saison erhält auf diese Art den besten Geschmack.

Art	Beschreibung	Anwendung
Gemüse-ragout/ Curry	Herstellung eines Hauptgerichts aus Gemüse durch Ragoutherstellung	Geeignet sind nahezu alle Gemüsesorten mit Ausnahme der Blattgemüse. Die Gemüse werden in Bissengröße geschnitten. Die Gemüse werden mit einer Gewürzmischung angeschwitzt, abgelöscht und gegart. Eine leichte Bindung und eine Verfeinerung mit Sahne oder Kokosmilch sind möglich.
Füllen	Vielfältige Möglichkeiten, anschließendes Garen durch Kochen, Schmoren oder Braten	Einige Gemüse können direkt gefüllt werden (Paprika). Andere Gemüse können ausgehöhlt und gefüllt werden (Kohlrabi, Tomate, Zwiebel) oder eingewickelt werden (Wirsing, Rotkohl). Als Füllung dienen Gemüse-, Fleisch- und Fischzubereitungen.

Wussten Sie?

Die meisten Menschen weltweit ernähren sich überwiegend vegetarisch. Ihre Ernährung besteht überwiegend aus pflanzlichen Lebensmitteln. Für viele Menschen sind tierische Lebensmittel seltene Luxusgüter. Ein Stück Fleisch, Fisch oder Geflügel dient eher als Beilage.

Was ist das Besondere an Salaten?

Ursprünglich versteht man unter einem Salat ein Gericht, welches auf der Basis von Blattgemüse hergestellt wurde. Oft sind Kopfsalat, Eisbergsalat oder andere Salatpflanzen die Grundlage. Salate gehören zur kalten Küche und werden gerne als Vorspeise oder als Beilage zu Speisen eingesetzt. Zunehmend bestellen Gäste Salate auch als Hauptgericht.

Frischer Salat

Neben den Blattgemüsen können auch andere Gemüse Bestandteil eines Salates sein. Insbesondere Fruchtgemüse, Kräuter und Gewürze werden für Salate verwendet. Tierische Lebensmittel wie Käse, Geflügelfleischstreifen oder Thunfisch runden Salate für Hauptspeisen oft ab. Die Bindung entsteht durch Zugabe von Salatsoßen oder Dressings. Üblicherweise dient Weißbrot als Beigabe zum Salat.

Gemüse und Garverfahren kombinieren

Will man im Deutschen ausdrücken, dass ein Gemüse (z. B. Grünkohl) gegart worden ist (z. B. durch Kochen), dann heißt es: gekochter Grünkohl.

Wählen Sie eine Gemüsesorte aus den verschiedenen Gruppen aus und fügen Sie ein passendes Garverfahren hinzu.

____

____

____

____

____

____

____

____

____

____

____

____

____

____

____

13 Obst

Obst wächst an Bäumen und Sträuchern. Meist sind diese Früchte essbar, saftig und schmecken süß. In der Küche kommt meist Obst aus Plantagen vor. Nur selten stammt es aus der Natur.

Obst sollte erntefrisch verarbeitet werden. Dann ist es energiearm, reich an Vitaminen und anderen Wirkstoffen. Erntefrisch schmeckt Obst erfrischend und aromatisch.

Apfelplantage

Was sind Güteklassen? Wie helfen sie beim Einkauf?

Obst kann sehr unterschiedlich verarbeitet werden. Abhängig von der Verarbeitung muss Obst verschiedene Anforderungen erfüllen. Um diese Anforderungen schnell erkennen zu können, gibt es in Europa die sogenannten Handelsklassen (EU-Güteklassen).

- Handelsklasse Extra (EU-Güteklasse): höchste Qualität
  Im Hotel/Restaurant geeignet als Obstkorb, Obstdekoration auf Desserts.
- Handelsklasse I (EU-Güteklasse): gute innere und äußere Qualität
  Im Hotel/Restaurant gut geeignet für verarbeitete Speisen.
- Handelsklasse II (EU-Güteklasse): Früchte erfüllen Mindesteigenschaften
  Im Hotel/Restaurant werden sie als Mus oder Püree verarbeitet.

EU-Güteklassen		
Extra	**Klasse I**	**Klasse II**
Höchste Qualität, fehlerfrei, typische Form, Entwicklung und Farbe	Gute innere und äußere Qualität, alle sortentypischen Eigenschaften, leichte Fehler zulässig	Marktfähige Qualität, Fehler zulässig, solange die Mindesteigenschaften erfüllt sind

Handelsklassen informieren über äußere Eigenschaften, z. B. das Aussehen. Sie sagen nichts aus über innere Eigenschaften wie das Aroma.

Wie muss ich Obst lagern?

Obst wird im Kühlhaus gelagert. Allerdings ist zu beachten:

- Einige Obstarten reifen nach der Ernte weiter. Sie werden unreif geerntet („**technische Reife**") und unter besonderen Bedingungen gelagert. So erreichen sie die sogenannte „**Genussreife**". Dann kann man sie essen. Hierzu zählen z. B. Äpfel und Birnen.
- Andere Obstarten reifen nicht nach. Sie können reif geerntet und direkt verzehrt werden. Hierzu zählen z. B. Kirschen und **Zitrusfrüchte**.
- **Schalenobst** ist lange lagerbar. Allerdings können Schimmelpilze auf ihm wachsen, wenn die Umgebung feucht ist.

Wie verwendet man Obst in der Küche?

Obst verwendet man auf unterschiedliche Weise in der professionellen Küche:

- als Obstteller (Dessert, Empfangsbereich des Hotels, Gästezimmer),
- als Nachspeise zum **Menüabschluss**,
- auf dem Büfett (Lunchbüfett, Zwischenmahlzeit bei Seminaren, Frühstücksbüfett),
- als Merkmal einer gesundheitsbewussten Ernährung (Aktionswochen, im Spa-Bereich des Hotels),
- als typischer Bestandteil von Lunchpaketen und Reiseverpflegung.

Zuordnen

Welche Obstsorte gehört zu welcher Obstgruppe? Die Tabelle auf der folgenden Seite können Sie zur Hilfe nehmen.

Pflaume – Ananas – Erdnuss – Quitte – Esskastanie – Banane – Aprikose – Apfel – Pfirsich – Haselnuss – Dattel – Brombeere – Feige – Mirabelle – Birne – Kiwi – Himbeere – Granatapfel – Erdbeere – Kokosnuss – Grapefruit – Kirsche – Guave – Johannisbeere – Kaki – Limette – Mandel – Litschi – Stachelbeere – Mango – Paranuss – Mandarine – Walnuss – Maracuja – Heidelbeere – Physalis – Pistazie – Weintraube

- Kernobst: ____________________
- Beerenobst: ____________________
- Steinobst: ____________________
- Schalenobst: ____________________
- Zitrusfrüchte/exotische Früchte: ____________________

Abbildung	Name	Erntezeit und Lagerung	Verwendung	Beispiele
	Kernobst	im Sommer reif und gut lagerbar	als Tafelobst, zum Backen (Apfelkuchen), zur Herstellung von Säften, Mus und Kompotten	Apfel, Birne
	Beerenobst	beginnt im Mai/Juni (Erdbeeren) und endet im Herbst (Weintrauben); reift nicht nach; kann nur sehr kurz gelagert werden; Lagerdauer kann verlängert werden, indem man jede Frucht einzeln nebeneinander aufbewahrt	in Salaten, Soßen, Desserts, Kompotten und Torten oder als Beilage zu Fleischgerichten	Erdbeere, Heidelbeere
	Steinobst	beginnt mit den Kirschen im Juni und endet mit den Pflaumen Ende September; muss reif geerntet und im Kühlhaus gelagert werden	in süßen Aufstrichen (Konfitüre) oder Kompotten, auch als Bestandteil von Obsttellern, Soßen oder Salaten	Pfirsich, Kirsche
	Schalenobst	Nüsse und Samen kommen nur teilweise aus Mitteleuropa. Mandeln und Cashewnüsse stammen aus südlichen Regionen; gut lagerfähig, Umgebung muss trocken und dunkel sein	beim Backen, in Soßen oder Salaten, geröstet Vorsicht: Nüsse können Allergien auslösen!	Haselnuss, Walnuss
	Zitrusfrüchte/ exotische Früchte	werden importiert; kühl lagern; schimmelige Exemplare müssen immer aussortiert werden	als Bestandteil von Desserts, Salaten, Speiseeis oder zum Frühstück; Schale von Zitronen und Orangen dient als Gewürz	Zitronen, Orangen, Ananas, Maracuja

14 Milch und Milchprodukte

Welche Bedeutung hat Milch?

„Milch“ ist in Deutschland meist Kuhmilch. Sie stammt von Kühen. Andere Milchsorten stammen von der Ziege oder vom Schaf. Milch ist ein hochwertiges Lebensmittel.

- Milch ist reich an hochwertigem Eiweiß.
- Milch enthält viele Vitamine und Mineralstoffe.
- der enthaltene **Milchzucker** ist wichtig für die Verdauung.

Milchkühe

Unveränderte Milch trinken vor allem Kinder. Häufig wird Milch mit Kakao oder anderen Zugaben geschmacklich verändert. Erwachsene trinken deutlich weniger Milch. Sie verzehren dafür mehr Milchprodukte.

Milch ist ein sehr empfindliches Lebensmittel und wird schnell schlecht. Deshalb macht man sie heute auf verschiedene Weisen haltbar. Pasteurisierte Milch ist gekühlt und ungeöffnet sechs bis zehn Tage haltbar, ESL-Milch ist etwa drei Wochen haltbar. H-Milch ist ungekühlt und ungeöffnet etwa sechs bis acht Wochen haltbar. Sterilisierte Milch ist sogar ohne besondere Lagerung sechs Monate haltbar.

Milch und Kakao sind beliebt bei Kindern

Neben der unterschiedlichen Haltbarkeit wird Milch auch nach unterschiedlichen Fettgehalten eingeteilt: Vorzugsmilch mit 3,5 % bis 4,0 % Fett, Vollmilch mit 3,5 % Fett, teilentrahmte/fettarme Milch mit 1,5 % Fett und entrahmte Milch mit 0,3 % Fett.

Was versteht man unter Milchprodukten?

Schon im Altertum wurde Milch weiterverarbeitet. Damit verlängerte sich die Haltbarkeit. So entstanden im Laufe der Geschichte Sauermilchprodukte, Sahneprodukte, Butter und Käse.

Sauermilchprodukte entstehen, wenn der Milch Milchsäurebakterien zugegeben werden. Die Milchsäurebakterien verwandeln den Milchzucker in Säure. Diese Säure wirkt konservierend. Typische Sauermilchprodukte sind Joghurt, Kefir, Dickmilch, **Buttermilch**, saure Sahne bzw. Sauerrahm, Schmand bzw. Crème fraîche.

Milchprodukte

Sahneprodukte haben einen höheren Fettgehalt (über 10 %). Oft verwendet man Sahneprodukte zum Verfeinern anderer Speisen. Zu den Sahneprodukten zählen Schmand bzw. Crème fraîche, Kaffeesahne, Schlagsahne und Crème double.

Butter ist ein wichtiges Streichfett. Teilweise wird Butter auch für die Herstellung von Speisen verwendet. Butter ist konzentriertes Milchfett mit typischen Aromastoffen. Der Buttergeschmack ist sehr geschätzt. Daher gibt man zum Abrunden von Speisen oft Butter zu.

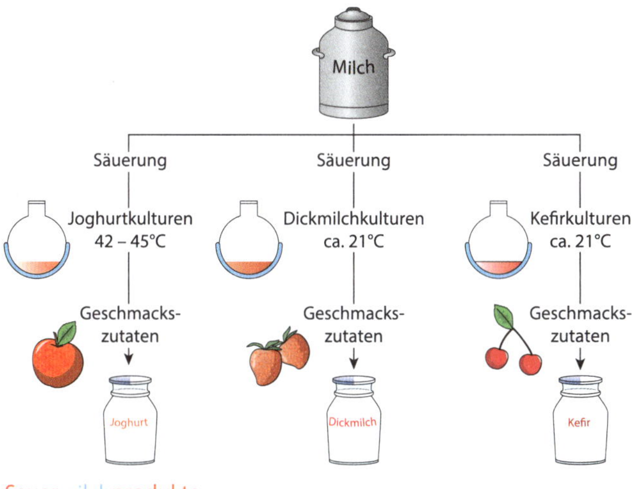

Sauermilchprodukte

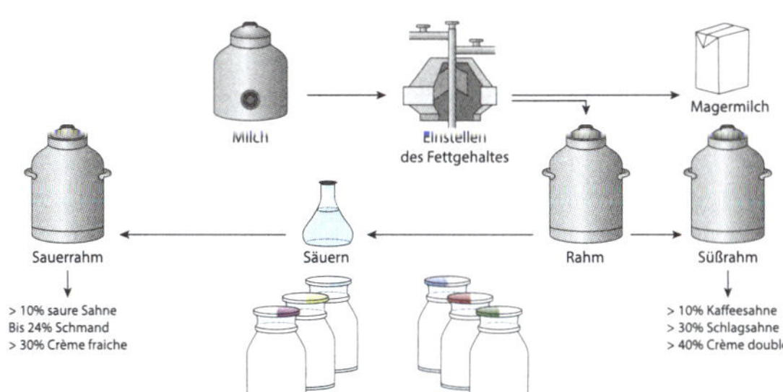

Sahneprodukte

Wussten Sie?

Milchfett ist ein besonders angenehmer Geschmacksträger. Deshalb schmecken Speisen mit einem Stich Butter oder einem Schuss Sahne so gut.

Beschreibung von Abbildungen

Versuchen Sie, die Herstellung von fünf verschiedenen Produkten kurz zu beschreiben. Nehmen Sie den Text und die Abbildungen zu Hilfe!

- Joghurt:
- Dickmilch:
- Kefir:
- Süßrahmprodukte:
- Sauerrahmprodukte:

Was ist das Besondere an Käse?

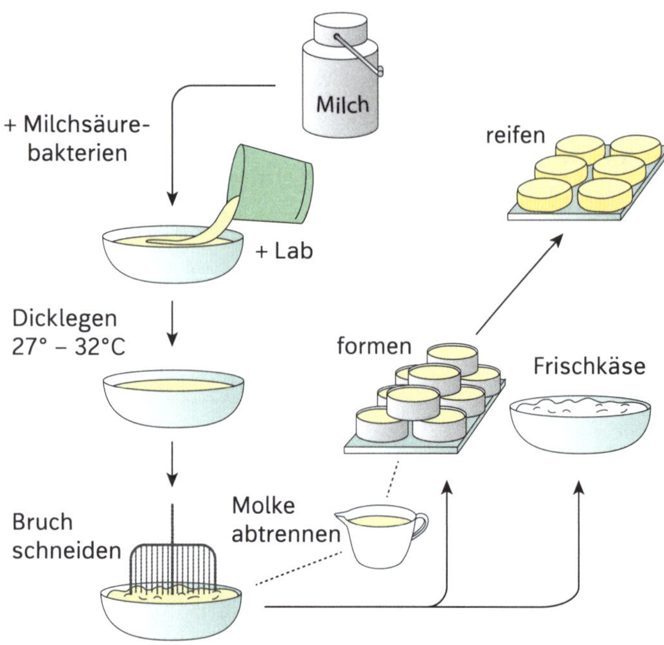

Von Milch zu Käse – die Grundlagen der Käseherstellung

In ganz Europa werden mehrere Tausend verschiedene Käsesorten hergestellt. Der Ausgangsstoff von allen Käsesorten ist Milch. Die Milch wird bei der Herstellung von Käse „dickgelegt“: Flüssige Milch wird in einen festen Zustand gebracht durch die Einwirkung von Mikroorganismen. Unterschiede zwischen den Käsesorten bestehen darin, dass

- unterschiedliche Milch verwendet wird,
- die Eigenschaften der Milch unterschiedlich sind (durch Fütterung, Rasse, Klima, Landschaft),
- unterschiedliche Herstellungsverfahren angewendet werden,
- unterschiedliche Mikroorganismen, Salz und andere Zugaben hinzugefügt werden.

Fragen zu einer Abbildung beantworten

Die Herstellung von Käse wird im Text durch eine Abbildung dargestellt. Beantworten Sie die folgenden Fragen mithilfe der Abbildung.

Wie entsteht Süßmilchkäse?

____

____

Woher kommt Lab? Was bewirkt Lab?

____

____

Wie wird die dickgelegte Milch weiterverarbeitet?

____

____

Wie entstehen unterschiedlich feste Käse?

____

____

Was geschieht mit dem Käsebruch?

____

____

Welche Käsesorten entstehen auf diesem Weg?

____

____

Welcher Unterschied besteht zwischen der Herstellung von Süßmilchkäse und Sauermilchkäse?

____

____

Auch Käse wird in Gruppen mit ähnlichen Eigenschaften einsortiert:

Abbildung	Name	Beschreibung	Beispiel
	Frischkäse	Wassergehalt mindestens 73 %, kurz haltbar, keine Rinde, frisches, mildes Aroma	Quark, Hüttenkäse, Mozzarella, Ricotta
	Weichkäse	Wassergehalt ca. 67 % bis 73 %, Oberfläche oft mit Pilzkultur behandelt, mit zunehmender Reife sehr weicher Kern und intensiver Geschmack	Camembert, Danablu, Roquefort, Gorgonzola, Limburger
	Halbfester Schnittkäse	Wassergehalt 61 % bis 63 %, Reifezeit drei Wochen bis neun Monate, sehr breite Geschmacksvielfalt	Butterkäse, Weißlacker, BelPaese, Bonbel, Esrom, Brie
	Schnittkäse	Wassergehalt 54 % bis 63 %, Reifezeit vier bis sechs Wochen, mild bis kräftig im Geschmack	Mittelalter Gouda, Maasdamer, Tilsiter, Edamer, Appenzeller
	Hartkäse	Wassergehalt maximal 56 %, lange Reifezeit, intensiver Geschmack	Emmentaler, Comté, Manchego, Parmesan, Cheddar

Milch ist enthält besonders viel Calcium. Auch wenn Sie keine Milch trinken: Verzehren Sie Milchprodukte wie Joghurt und Käse. Sie erhalten ebenfalls wertvolle Mineralstoffe!

15 Fleisch, Wurst, Fisch, Eier

Was versteht man unter Fleisch?

Auswahl an Fleisch

Nach dem Gesetz ist Fleisch „alle rohen und verarbeiteten Teile von geschlachteten oder erlegten warmblütigen Tieren, das zum Genuss des Menschen bestimmt sind“. Innere Organe wie Leber oder Nieren gehören also dazu. Für den Koch ist Fleisch der Skelettmuskel mit Fett und Bindegewebe von Schwein, Rind, Kalb, Schaf, Lamm, Ziege, Kaninchen und Pferd. Fleisch gilt als wertvolles Lebensmittel. Es liefert hochwertiges Eiweiß, Vitamine und Mineralstoffe.

Die Qualität von Fleisch ist nur teilweise von außen zu erkennen. Folgende Kriterien sind bedeutsam:

- Fleischfarbe: abhängig von der Art des Tieres und seinem Alter; zu helle oder zu dunkle Farbe ist nicht erwünscht.
- Struktur: von der Dicke der Muskelfasern bestimmt; durch Alter und Geschlecht des Tieres beeinflusst.
- **Marmorierung**: abhängig von Fettfasern, die den Muskel durchziehen; Fett ist Geschmacksträger und macht Fleisch zarter und saftiger.
- Safthaltevermögen: erkennbar am Anschnitt; stark austretender Saft bedeutet schlechte Qualität.
- Zartheit: abhängig von Reifegrad und Bindegewebsanteil; sehnenarme Fleischstücke sind zarter.

Wie muss Fleisch gelagert werden?

Frisches Fleisch wird bei maximal 7 °C im Kühlhaus gelagert. Fleisch sollte von anderen Lebensmitteln getrennt aufbewahrt werden. Hackfleisch und Geschnetzeltes werden bei maximal 4 °C gelagert. Die Luftfeuchtigkeit sollte 75 % nicht unterschreiten. Tiefgekühlte Ware (TK-Ware) lagert bei maximal minus 18 °C.

Text schreiben

In den Begriffsfeldern finden Sie einzelne Stichwörter zum Fleisch. Bilden Sie aus diesen Stichwörtern eine Text, in dem es um die Fleischqualität geht.

Fleischfarbe – Tierart – hell/dunkel – Struktur – Muskelfaserdicke – Geschlecht – Marmorierung – Fettfaser – Geschmacksträger – Safthaltevermögen – Anschnitt – stark austreten – Zartheit – Reifegrad – Bindegewebe

____
____
____
____
____
____
____
____
____
____
____
____
____
____
____
____
____
____
____
____
____
____
____

Welche Teile vom Schwein werden verwendet?

In der Küche verwendet man meist Fleisch von Masttieren. Mastschweine werden im Alter von acht bis neun Monaten geschlachtet. Die geschlachteten Schweine kommen entweder als Hälften oder bereits als Teilstücke in den Handel. Schweinefleisch ist blassrosa, hat feine Fleischfasern und ist teilweise marmoriert. Die wichtigsten vom Schwein verwendeten Teile sind:

- Schweinerücken als Kassler, Stielkotelett, Lendenkotelett, Nackensteak,
- Keule als Schnitzel und Steaks (Oberschale, große Nuss), Braten und Schnitzel (Unterschale), Schnitzel und Medaillons (kleine Nuss),
- **Filet** im Ganzen oder als Medaillons,
- Haxen als Eisbein.

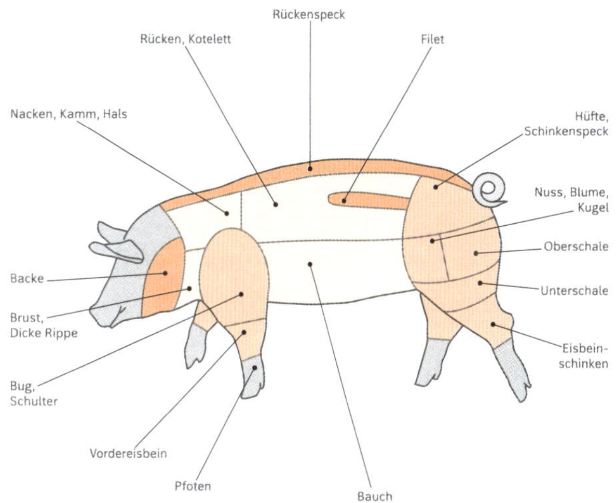

Vom Schwein verwendete Teile

Eine Spezialität ist das Spanferkel, das im Alter von sechs bis acht Wochen geschlachtet wird. Spanferkel wird im Ganzen zubereitet. Die **Innereien** des Schweins werden je nach Region unterschiedlich verwendet.

Wussten Sie?

Deutschland ist der zweitgrößte Produzent von Schweinefleisch. In fast 24 500 Betrieben leben mehr als 27 Millionen Schweine. Pro Betrieb sind das mehr 1 100 Tiere. Schweinefleisch hat in der deutschen Küche eine große Bedeutung.

Welche Teile vom Rind werden verwendet?

Nach dem Alter und nach dem Geschlecht unterscheidet man Jungrind, Ochsen und Färsen. Es wird fast ausschließlich Fleisch dieser Tiere in der gastronomischen Küche verwendet. Dieses Fleisch hat eine rote Farbe, zarte Fleischfasern und eine zarte Marmorierung. Rindfleisch kommt als Vorderviertel oder Hinterviertel oder in Teilstücken in den Handel. Die wichtigsten Teile sind:

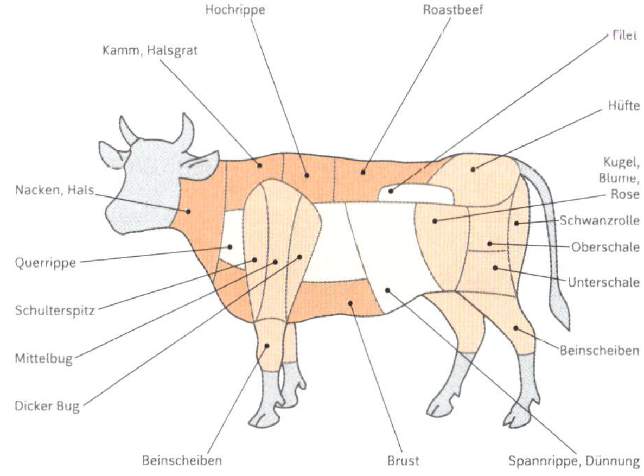

Vom Rind verwendete Teile

- Hochrippe im Ganzen, als Rinderkotelett oder als Rostbraten,
- **Roastbeef** mit Knochen für Porterhouse-Steak, T-Bone-Steak und Club-Steak,

- Roastbeef ohne Knochen als Entrecôte, Entrecôte double oder im Ganzen,
- Filet im Ganzen, als Filetspitzen, Filet Mignon, Tournedos, Filetsteaks, Chateaubriand,
- Keule als Rumpsteak, für Rouladen, Tatar und Rindersteaks (Oberschale), Tafelspitz (Schwanzstück), im Ganzen und als Schnitzel (Kugel),
- Hesse als Klärfleisch.

Rinder sind besonders empfindlich gegen Stress beim Transport zum Schlachthof und bei der anschließenden Schlachtung. Fehler an diesen Stellen führen zu Fleischfehlern.

Welche Teile vom Kalb werden verwendet?

Kalbfleisch stammt von jungen Rindern. Das Fleisch ist fettarm und hellrot. Die wichtigsten Kalbfleischteile in der Küche sind:

- Kotelett im Ganzen, als Stielkotelett und als Kalbsrückensteak,
- Sattelstück mit Kalbsnierenbraten, Kalbsrückensteak und Schnitzel,
- Filet im Ganzen oder als Medaillons,
- Keule als Steaks und Schnitzel (Oberschale, Unterschale), im Ganzen (große Nuss, kleine Nuss).

Leber und Nieren des Kalbes werden teilweise für klassische Zubereitungen verwendet, beispielsweise Leber Berliner Art oder Kalbsnietenbraten.

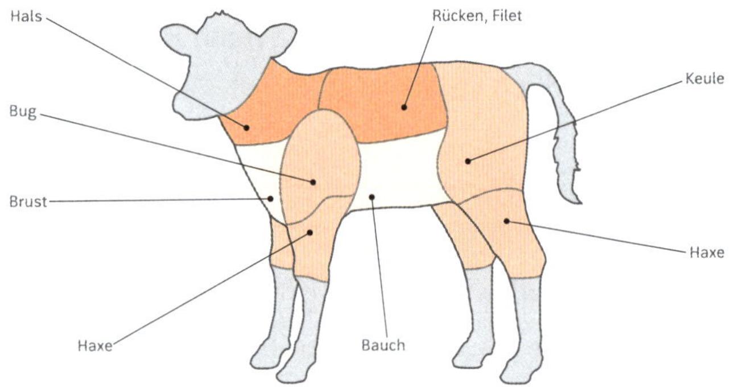

Vom Kalb verwendete Teile

Welche Teile vom Lamm werden verwendet?

Unter Lamm versteht man das noch nicht ausgewachsene Schaf unter zwölf Monaten. In den Handel kommt fast ausschließlich dieses Fleisch. Schafe und Hammel werden in Deutschland sehr selten zubereitet und verzehrt. Lammfleisch ähnelt in der Farbe dem Rindfleisch. Lammfleisch hat allerdings einen intensiveren Geschmack und ist meist stärker marmoriert. Die am häufigsten verwendeten Teile des Lamms sind:

- Keule im Ganzen zubereitet, als Schnitzel oder Medaillons,
- Kotelettstück im Ganzen, als Karree, als Kotelett, Lammrückenfilet, Lammnüsschen und Medaillons,
- Sattelstück als Koteletts oder Lammrückenfilet,
- Filet im Ganzen.

Wusten Sie?

In Deutschland wird das Fleisch von sogenannten Milchlämmern sehr geschätzt. Diese Lämmer werden während der Aufzucht ausschließlich mit Mutterschafmilch gefüttert.

Was ist Fisch?

Fische sind Lebewesen, die ihren Lebensraum im Wasser haben. Sie können nach verschiedenen Kriterien eingeteilt werden:

Einteilung		Beschreibung	Beispiele
Nach der Körperform	Rundfisch	zwei Filets, leben im Meer, in Flüssen oder Seen	Lachs, Makrele, Hering, Schellfisch, Kabeljau, Hecht, Zander
	Plattfisch	vier Filets, leben nur im Meer, seltener als Rundfische	Scholle, Flunder, Seezunge, Steinbutt, Rochen
Nach der Aufzucht	traditionelle Aufzucht	traditioneller Fischfang in natürlichen Gewässern bedroht Fischbestände weltweit	
	Aquakultur	Aufzucht hat den Vorteil, dass entsprechend des Bedarfes gezüchtet wird	
Nach der Herkunft	Süßwasserfisch	leben in Süßwasser	Forelle, Hecht, Zander
	Salzwasserfisch	leben in Salzwasser	Kabeljau, Hering, Seezunge, Thunfisch, Schellfisch, Rotbarsch
	Wanderfisch	wechseln zwischen Süßwasser und Salzwasser	Aal, Lachs

Tabellen erstellen

Erstellen Sie auf einem separaten Blatt Papier eine Übersicht zu den Fleischteilen, die in der Küche verwendet werden. Die folgende Tabelle ist die Vorlage für die Übersicht.

Tier	Teil	Bezeichnung	Garverfahren
Schwein	Rücken	Kassler	Braten
	Keule	Stielkotelett	...
	...	...	...
Rind	...	...	...
Kalb	...	...	...
Lamm	...	...	...

Tabellen erstellen

Erstellen Sie aus den Informationen im Text eine Übersicht zur Einteilung von Fischen als Tabelle auf einem separaten Blatt Papier.

Einteilung		Beschreibung	Beispiele
Nach dem Fettgehalt	Fettfisch	haben einen Fettgehalt von über 10 %	Aal, Hering, Lachs, Thunfisch
	Magerfisch	weisen nicht mehr als 2 % Körperfett auf	Kabeljau, Schellfisch, Seezunge, Seelachs
	Mittelfette Fischsorten	zwischen 2 % und 10 % Körperfett	Rotbarsch, Dorade, Meeräsche, Forelle
Nach der Qualität	Konsumfisch	durchschnittliche Qualität, kommen gleichmäßig vor, günstiger Preis	Makrele, Hering, Lachs, Sardellen
	Edelfisch	sehr begehrt, teuer	Steinbutt, Seezunge, Seeteufel
Nach der Fischart	Friedfisch	fressen keine anderen Fische	Hering, Felchen
	Raubfisch	jagen und fressen andere Fische	Hecht, Zander, Thunfisch, Makrele

Die Grenzen zwischen Konsumfischen und Edelfischen können sich ändern. Sie werden beeinflusst von Zucht- und Verwendungsmöglichkeiten oder Trends.

Fische liefern hochwertiges Eiweiß. Die meisten Fische enthalten wenig Fett. Auch wertvolle Vitamine, Omega-3-Fettsäuren und insbesondere das Spurenelement Jod kommen in Fisch vor.

Insbesondere das Fett von Fischen, die in kalten Gewässern leben, wird hochgeschätzt. Die darin enthaltenen Omega-3-Fettsäuren schützen vor Herz-Kreislauf-Krankheiten und Entzündungsprozessen.

Fisch ist ein sehr weiches und locker aufgebautes Lebensmittel mit einem hohen Wassergehalt. Mikroorganismen können unter diesen Bedingungen gut überleben und sich vermehren. Fisch verdirbt deswegen leicht. Der Verderb kann innerhalb weniger Stunden eintreten. Der Verderb ist am Geruch bereits früh erkennbar. Wenn man Fisch in der Küche verwendet, ist es wichtig, immer auf die Frische zu achten. Dies gilt insbesondere für Frischfisch:

- Fisch soll nach Meerwasser riechen, keinesfalls nach Fisch (Ammoniak oder Schwefel). Am besten kontrolliert man den Geruch an den Kiemen.
- Die Fischhaut (Plattfische, schuppenlose Fische) soll glänzen und unbeschädigt sein. Der Schleim auf der Haut ist klar und nicht eingetrocknet.

- Die Schuppen liegen fest an.
- Die Kiemen sind hellrot und nicht verklebt.
- Das Fleisch ist fest und elastisch (Druckprobe).
- Bauchhöhle und After sind sauber. Anhaftendes Blut ist hellrot.
- Die Augen sind prall und glänzend. Die Augen stehen leicht vor.

frischer Fisch

nicht frischer Fisch

In Norddeutschland ist das Angebot an Fischzubereitungen umfangreich und kreativ. In der Gastronomie in anderen Regionen stehen oft nur sehr wenige Angebote auf der Speisekarte. Fisch wird in den Restaurants meist gebraten oder gedünstet zubereitet.

Welche Eier gibt es?

Nur Hühnereier dürfen in Deutschland die Bezeichnung „Ei“ haben. Bei Eiern von anderen Tieren muss der Name des Tiers vorangestellt werden, z. B. Gänseei oder Wachtelei. Eier liefern wichtige Vitamine und hochwertiges Eiweiß. Außerdem sind Eier für die Zubereitung von Speisen von besonderer Bedeutung. Mit Eiern können Zutaten und Speisen gebunden oder emulgiert werden. Eier werden nach Gewichtsklassen eingeteilt.

Eier – Gewichtsklassen		
Bezeichnung	**Größenangabe**	**Gewichtsklasse in Gramm**
XL	sehr groß	73 g und mehr
L	groß	63 g bis unter 73 g
M	mittelgroß	53 g bis unter 63 g
S	klein	unter 53 g

Eier sollten zwischen 5 und 8 °C aufbewahrt werden. Eier sollte man immer getrennt von anderen Lebensmitteln lagern. Beschädigte Eier sofort aussortieren. Eier können Salmonellen übertragen. Hygienische Vorsichtsmaßnahmen müssen im Umgang mit Eiern deshalb immer beachtet werden. Viele Betriebe verwenden aus diesem Grund pasteurisierte Eizubereitungen oder pasteurisiertes Eigelb.

16 Öle und Fette

Öle und Fette sind wichtige Bestandteile der Ernährung und der Speisenzubereitung. In der Küche unterscheidet man zwischen Speiseölen und Speisefetten. Man nennt Speiseöle und Speisefette in der gekürzten Form Öle und Fette.

Was versteht man unter Ölen?

Speiseöle werden aus den fettreichen Teilen vieler Pflanzen gewonnen. Öl bedeutet, dass das Fett bei Zimmertemperatur flüssig ist.

Kauft man ein Öl mit einem bestimmten Pflanzennamen, dann muss es zu 100 % aus dieser Pflanze stammen. Steht nur „Pflanzenöl", „Speiseöl" oder „Tafelöl" auf dem Etikett, handelt es sich um eine Mischung verschiedener Öle. Neben dieser Bezeichnungen, gibt es weitere Begriffe, die Speiseöle kennzeichnen:

- Kaltpressen, kaltschlagen: schonendes Pressen zerkleinerter Ölfrüchte; das Öl wird nicht warm. Die Ausbeute ist gering und lohnt sich nur bei Oliven, Sonnenblumenkernen, Raps und Mohn.
- Warmpressen: Pressen der Ölfrüchte bei höheren Temperaturen und höherem Druck; das Produkt enthält größere Mengen an unerwünschten Stoffen. Es wird anschließend raffiniert.
- **Extraktion:** Gewinnung von Öl durch Lösungsmittel aus dem Presskuchen, der bei Kalt- und Warmpressung entsteht.
- **Raffination:** Schleimstoffe, freie Fettsäuren, unerwünschte Aroma- und Farbstoffe werden entfernt.

Je weniger und schonender ein Speiseöl bearbeitet wurde, desto mehr wertvolle Inhaltsstoffe enthält es. Wertvolle Inhaltsstoffe im Speiseöl sind fettlösliche Vitamine, ungesättigte Fettsäuren und Aromastoffe. Wenig bearbeitete Öle sind empfindlich. Diese Öle sollten in der Küche nur schonend verarbeitet werden. Sie eignen sich nicht zum Braten oder Backen, sondern nur für die Kalte Küche.

Speiseöle sind oft sehr empfindlich gegenüber Wärme, Licht und Luft. Dies sollte man auch bei der Verwendung von Ölen in der Küche berücksichtigen.

Welches sind die wichtigsten Öle?

Sorte	Beschreibung
Olivenöl	Klassisches Öl aus Südeuropa; sehr eigener Geschmack, wird aus den Früchten des Ölbaums gepresst. Es wird als Speiseöl verwendet. Kaltgepresstes Olivenöl sollte kalt verwendet werden, raffiniertes Olivenöl kann auch erhitzt werden. Für Olivenöl gibt es international anerkannte Kennzeichnungsregeln.

Fragen zu einem Text beantworten

Beantworten Sie die folgenden Fragen, wie man mit Speiseölen in der Küche umgehen sollte.

Sorte	Beschreibung
Sonnen-blumenöl	Stammt aus den Kernen der Sonnenblume. Es hat eine goldgelbe Farbe und einen milden Geschmack. Sonnenblumenöl ist aufgrund seines milden Geschmacks in vielen Lebensmitteln und Zubereitungen einsetzbar.
Weizenkeimöl	Stammt aus gekeimtem Weizen. Das Öl ist sehr wertvoll, weil die verschiedenen Fettsäuren sehr ausgewogen zusammengesetzt sind.
Maiskeimöl	Wird aus dem fettreichen Keim des Mais gewonnen. Es ist ein Nebenprodukt der Stärkegewinnung. Maiskeimöl ist geschmacklos, geruchlos und nahezu farblos. Die Aufbereitung von Maiskeimöl ist aufwendig.
Kürbiskernöl	Erhält man durch Auspressen gerösteter und geschälter Kürbiskerne. Es ist grünlich und schmeckt deutlich nach Nüssen.
Sojaöl	Ist heute eines der am weitesten verbreiteten Öle, obwohl die Sojabohne an sich eher fettarm ist. Das Öl wird durch Extraktion gewonnen und liefert in erster Linie Energie. Sojaöl ist wesentlicher Bestandteil von Speiseölen und Tafelölen.
Distel-/ Safloröl	Stammt aus den Samen einer Distel. Das Öl hat einen hohen Anteil wertvoller, empfindlicher Fettsäuren. Das Öl sollte daher nicht erhitzt werden.
Rapsöl	Stammt von der Rapspflanze; Rapsöl ist das bedeutendste Speiseöl in Deutschland.

Eine Ausnahme bilden Fischöle und **Leberöle**. Fisch- und Leberöle werden nicht aus Pflanzen, sondern aus dem Körperfett bzw. der Leber von Seetieren gewonnen. Sie gelangen nicht als Lebensmittel in den Handel, sondern werden direkt weiterverarbeitet.

Welche Speisefette gibt es?

Speisefettewerden als Brotaufstrich, zum Backen und zum Braten verwendet. Speisefette sind fast alle fest oder halbfest. Das wichtigste Fett ist die Butter. Butter ist ein Produkt aus Milch. In einem aufwendigen Verfahren wird der Fettanteil der Milch aufkonzentriert und Flüssigkeit abgetrennt.

Sollten Öle überwiegend für kalte oder für warme Speisen verwendet werden?

____

____

Viele Speiseöle sind empfindlich gegenüber Wärme. Geben Sie einen Ort in der Küche an, wo Sie Öle nicht lagern sollten. Welcher Ort ist gut geeignet für die Lagerung von Ölen?

____

____

Viele Speiseöle sind empfindlich gegenüber Licht. Wie sollte der Behälter beschaffen sein, in dem Öle gelagert werden?

____

____

Viele Speiseöle sind empfindlich gegenüber Luftsauerstoff. Wie können Sie Öle schützen?

____

____

Olivenöl und Kürbiskernöl haben einen starken Eigengeschmack. Für welche Speisen eignen sich diese Öle besonders gut?

____

____

Sonnenblumenöl, Maiskeimöl und Rapsöl haben nur einen geringen Eigengeschmack. Wofür verwenden Sie diese Öle?

____

____

Weitere Speisefette sind Schweineschmalz, Gänseschmalz und Rindertalg. Sie sind für einige Speisenspezialitäten von Bedeutung.

Beispiele:

Schweine- und Gänseschmalz sowie Rindertalg werden selten verwendet. Schweineschmalz wird für die Verfeinerung von Rotkohl- und Sauerkrautspeisen und für die Herstellung von Rouladen verwendet. Gänseschmalz dient als Brotaufstrich und ist ein altes Hausmittel bei Erkältungen. Rindertalg wird bei der Herstellung von Margarine und bei einigen speziellen Rezepturen verwendet.

In der gastronomischen Küche werden verschiedene feste pflanzliche Fette verwendet. Wenn Fette benötigt werden, deren Rauchpunkt über 200 °C liegt und wasser- und eiweißfreie Fette oder gegenüber Sauerstoff unempfindliche Fette benötigt werden, werden feste Plattenfette eingesetzt. Sie sind bei Zimmertemperatur fest und werden als Platten angeboten. Überwiegend stammen sie von der Kokospalme, aus Palmkernfett oder aus gehärteten Fettmischungen.

Was ist Margarine?

Margarine als Brotaufstrich, zum Kochen oder Backen

Ursprünglich wurde Margarine als Butterersatz erfunden. Sie sollte ein preiswerter Energielieferant sein. Heute werden hochwertige Ausgangsstoffe für die Herstellung von Margarine verwendet. Ausgangsstoff für viele Margarinen sind hochwertige Öle (zum Beispiel Sonnenblumenöl, Rapsöl, Maiskeimöl). Um sie von der flüssigen Form in eine feste Form zu bringen, werden die enthaltenen Fettsäuren „gehärtet“. Margarine ist streichfähig. Margarine wird von vielen Verbrauchern als Brotaufstrich geschätzt. Wenn besondere Farbstoffe, Geschmacksstoffe oder Öle verwendet werden, kann man Produkte herstellen, die besonderen Anforderungen entsprechen.

17 Getränke

Bei Getränken unterscheidet man zwischen alkoholfreien **Erfrischungsgetränken**, alkoholischen Getränken und **Aufgussgetränken**.

Was versteht man unter Erfrischungsgetränken?

Zu den alkoholfreien Getränken zählen Mineralwasser, Fruchtsäfte und Gemüsesäfte, Limonaden, Schorlen und andere Getränke. Alkoholfreie Getränke gewinnen in der Gastronomie an Bedeutung.

Mineralwasser

Wasser ist ein sehr streng überwachtes Lebensmittel. Das meiste Wasser stammt aus Grund- oder Quellwasser.

Bezeichnung	Beschreibung	Beispiel
Trinkwasser	aufbereitetes Wasser, das unbedenklich getrunken werden kann	Wasser aus Leitungen im Betrieb oder im Haus
Mineralwasser	Wasser aus einer Mineralquelle	Gerolsteiner, Carolinen, Steinsieker, Apollinaris
Heilwasser	Wasser mit einer zugeschriebenen heilenden Wirkung	Fachinger, St. Gero, Römerbrunnen, Kur Selters
Quellwasser	Wasser, das aus einer Quelle an die Erdoberfläche tritt	Römerquelle, Brandenburger Quellwasser
Tafelwasser	Trinkwasser, oft mit Mineralien angereichert	häufig selbst hergestellt, Bonaqua, Tafelwasser von Apollinaris
Sodawasser	oft zusätzlich angereichertes Mineralwasser	Schweppes, Thomas Henry

Wasser löscht den Durst sehr gut. Da Mineralwasser erhebliche Mengen an Mineralstoffen enthalten kann, kann es einen wichtigen Beitrag zur Versorgung leisten. Wasser ist außerdem gut geeignet, um andere Getränke zu verdünnen, zum Beispiel Säfte oder Wein.

Fragen zum Text formulieren

Der Text gibt Informationen zu verschiedenen alkoholfreien Erfrischungsgetränken. Formulieren Sie Fragen, die der Text beantwortet.

a. Formulieren Sie zwei Fragen aus dem Text, die mit „ja“ oder „nein“ beantwortet werden können.

Frage: Ist Mineralwasser ein Erfrischungsgetränk?

Antwort: Ja.

____

____

____

____

____

b. Formulieren Sie zwei Fragen, zu denen eine Erklärung abgegeben werden muss.

Frage: Was ist der Unterschied zwischen Mineralwasser und Quellwasser?

Antwort: Mit Mineralwasser bezeichnet man Wasser aus einer Mineralquelle. Quellwasser stammt aus einer Quelle an der Erdoberfläche.

Der Flüssigkeitsbedarf des Menschen hängt von vielen Faktoren ab, z. B. von der Schwere der Arbeit und dem Klima. Deshalb kann die tägliche Trinkmenge auch sehr unterschiedlich sein. Grundsätzlich sollte der Bedarf an Flüssigkeit mit Wasser gedeckt werden. Mit anderen Lebensmitteln kann man dem Körper ergänzend Flüssigkeit zuführen.

Fruchtsäfte und Gemüsesäfte

Frucht- und Gemüsesäfte gibt es in den unterschiedlichsten Geschmacksrichtungen. Sie unterscheiden sich hinsichtlich der verwendeten Obst- und Gemüsesorten. Auch Zusätze und Saftmengen werden unterschiedlich eingesetzt.

Saftart	Saftkonzentration	Erlaubte Zusätze
Fruchtsaft/ Gemüsesaft	100 %	geringe Zucker- oder Säuremengen, um Geschmack abzurunden
Fruchtnektar, Gemüsenektar (Gemüsetrunk)	25 % bis 50 % bzw. mindestens 40 %	Wasser, Zucker, Salz, Essig, Gewürze, Geschmacks- und Farbstoffe
Fruchtsaftgetränk	6 % bis 30 %	Zucker, Aromastoffe, Säuren, Farbstoffe
Gemüsecocktail	unterschiedlich je nach Art, Zutaten müssen angegeben werden	Mischung aus Frucht- und Gemüsesäften, Zucker, Säure, Salz, Farbstoffe, Geschmacksstoffe
Smoothie	unterschiedlich je nach Art, Zutaten müssen angegeben werden, dickflüssig durch Verwendung von Bananen oder Joghurt	Mischung aus Frucht- und Gemüsesäften, Zucker, Säure, Salz, Farbstoffe, Geschmackstoffe

Frucht- und Gemüsesäfte sind als Durstlöscher nur teilweise geeignet. Sie liefern aber oft wertvolle Vitamine, Mineralstoffe und sekundäre Pflanzenstoffe. Eine Mischung aus Fruchtsäften und Mineralwasser macht das Mineralwasser leckerer und den Saft zu einem besseren

____
____
____
____
____
____
____
____

Lückentext

Ergänzen Sie den Lückentext zu Wässern und Säften.

ernährungswissenschaftlich – Fruchtnektare – rein – Tafelwasser – 100 % – unterirdischen – Smoothies – Krankheitserregern – Gemüse – Heilwasser – Säure

Neben dem Trinkwasser hat Mineralwasser eine große Bedeutung. Mineralwasser muss seinen Ursprung in ____________ Wasservorkommen haben. Es soll ursprünglich ________ und ____________ frei von ____________ sein. Mineralwasser muss ____________ überprüft und amtlich zugelassen sein. Man unterscheidet beim Mineralwasser auch ____________, Sodawasser und ________.

Durstlöscher. Die Mischung aus Fruchtsaft und Mineralwasser nennt man Schorle.

Verschiedene Säfte, Nektare, Fruchtsaftgetränke, Smoothies und Schorlen aus Früchten und Gemüsen

Getränke liefern nicht nur Flüssigkeit, sondern auch andere Nährstoffe. Mineralwässer liefern häufig wichtige Mineralstoffe. Fruchtsäfte können reich an Vitamin C, Carotin oder Folsäure sein. Aber Achtung: Fruchtsäfte liefern auch immer Energie.

Erfrischungsgetränke werden auf der Basis von Wasser und anderen Zutaten hergestellt. Diese Zutaten können Fruchtsäfte, Aromen und Pflanzenauszüge sein. Wasser wird als Trinkwasser, Mineralwasser, Quellwasser oder Tafelwasser zugegeben.

- Schorlen sind Mischungen aus Fruchtsaft, Wasser, Zucker, Fruchtsäuren und natürlichen Aromen.
- Bestandteile der Limonaden sind natürliche Konzentrate, Zucker, verschiedene Säuren, Wasser, eventuell Kohlensäure.
- Energydrinks sind alkoholfreie Getränke, die durch einen hohen Gehalt an Koffein belebend wirken. Hinzu kommen Wasser, Zucker, verschiedene Fruchtsäuren, Aromastoffe und andere Zusatzstoffe.

Wussten Sie?

In einem Liter Limonade wie Cola, Orangenlimonade oder Zitronenlimonade sind etwa 36 Würfel Zucker oder circa 110 Gramm Zucker enthalten.

Die Getränkeindustrie hat vielfältige Ideen, wie weitere Produkte entwickelt werden können. Regelmäßig kommen neue Erfrischungsgetränke auf den Markt.

Reine Fruchtsäfte bestehen zu ____________ aus Frucht. Sie dürfen haltbar gemacht worden sein, etwas ____________ oder Säure kann aus Geschmacksgründen zugegeben sein. Wichtige weitere Produkte sind ____________, Fruchtsaftgetränke und ____________. Auch ____________ kann zu Saft verarbeitet werden.

Was versteht man unter Aufgussgetränken?

Bei Aufgussgetränken werden Teile von Pflanzen mit heißem Wasser übergossen. Der Auszug daraus wird als Getränk verwendet. Zu den Aufgussgetränken zählen Kaffee, Tee und Kakao.

Kaffee

Kaffee stammt aus Ostafrika und kam über die arabischen Länder und Italien nach Mitteleuropa. Heute gilt Kaffee als das wichtigste Aufgussgetränk in Deutschland. Bei der Herstellung von Kaffee wird die geerntete Kaffeebohne mit verschiedenen Verfahren getrocknet und gemahlen. Das Kaffeegetränk entsteht schließlich durch das Brühen mit heißem Wasser. Die Qualität des Kaffeegetränks wird dabei bestimmt von folgenden Faktoren:

- Eingesetzten Kaffeesorten: Je nach Mischung aus Arabica- und Robustabohnen entstehen unterschiedliche Kaffees.
- **Röstung** der Kaffeebohnen: Hell gerösteter Kaffee ist milder im Geschmack als dunkel gerösteter Kaffee.
- Mahlgrad: Zu fein gemahlener Kaffee laugt den Kaffee zu stark aus, zu grob gemahlener Kaffee laugt zu wenig aus; außerdem muss je nach Verwendung (Filterkaffee, Espresso) die Mahlung unterschiedlich sein.
- Dosierung: Für eine Tasse Filterkaffee benötigt man 6 bis 8 Gramm Kaffeepulver.
- Wasserqualität: Calcium und Chlorid verschlechtern den Kaffeegeschmack.
- Brühtemperatur: Kein wieder aufgewärmtes, sondern immer frisches und kaltes Wasser verwenden.
- Standzeit: Kaffee darf nicht warmgehalten werden, er schmeckt sonst bitter und das Kaffeearoma verfliegt.
- Lagerhaltung: Kaffeemehl sollte immer luftdicht, kühl und lichtgeschützt gelagert werden.

Fehlersuche

In den folgenden Rezepturen haben sich Fehler eingeschlichen. Finden Sie die fünf Fehler und korrigieren Sie die Fehler!

- Milchkaffee: Espresso mit derselben Menge aufgeschlagener Sahne.
- Latte macchiato: Espresso + heiße flüssige Milch + heiße aufgeschäumte Milch
- Pharisäer: kalter Kaffee + Kandiszucker + Whisky + Milchschaumhaube
- Cappuccino: doppelter Espresso mit steif geschlagener Sahne

____
____
____
____
____
____
____
____
____
____
____
____
____
____
____
____
____
____

Wichtige Kaffeezubereitungen sind:

Zubereitung	Beschreibung
Milchkaffee	Bohnenkaffee zu gleichen Teilen mit heißer/aufgeschäumter Milch
Cappuccino	einfacher Espresso mit heißem, halbflüssigen Milchschaum
Latte macchiato	drei Schichten: heiße, flüssige Milch + Espresso + heiße aufgeschäumte Milch
Espresso macchiato	Espresso mit einer Milchschaumhaube
Pharisäer	starker Kaffee mit Zucker, Rum und Sahnehaube
Rüdesheimer Kaffee	Zucker + Weinbrand flambieren, mit heißem Kaffee aufgießen, Sahnehaube
Irish coffee	Zucker + heißer Kaffee + Whisky + halbsteife Sahne

Tee

Ein weiteres wichtiges Aufgussgetränk ist Tee. Tee stammt aus Ostasien. Bereits vor 4500 Jahren war seine sowohl anregende als auch beruhigende Wirkung bekannt.

Bei der Teeernte wird das Blatt des Teestrauchs geerntet. Nach dem Pflücken welken die Blätter. Sie geben dabei einen großen Teil ihrer Feuchtigkeit ab. Anschließend werden die Blätter gerollt. Die Blätter brechen dadurch auf. Austretender Saft beginnt zu oxidieren und zu fermentieren. Dadurch bekommt der Tee sein typisches Aroma und seine schwarze Farbe. Der Tee wird danach getrocknet und sortiert und für den Versand vorbereitet. Neben diesem klassischen Schwarztee sind auch die folgenden Teesorten beliebt:

- Grüner Tee: Die **Fermentation** unterbleibt, sodass der Tee die grüne Blattfarbe behält.
- Oolong: Ein halbfermentierter Tee, die Fermentation wird durch Erhitzen abgebrochen.
- Weißer Tee: Hier werden nicht die Blätter, sondern die Knospen verwendet.

Tee hat verschiedene Wirkungen auf den Organismus: Koffein regt den Kreislauf an. Tannine beruhigen Magen und Darm. Auch wichtige Vitamine und Fluorid sind enthalten.

Zuordnen

Im folgenden Wortkasten finden Sie Beschreibungen zu Teesorten. Ordnen Sie die Beschreibungen den Teesorten zu.

nicht fermentierter Tee, grüne Farbe – nicht aus Teeblättern, sondern Teeknospen – klassischer fermentierter Tee, schwarze Farbe – Fermentation wurde abgebrochen

- Schwarztee: ____________________
- Grüntee: ____________________
- Oolong: ____________________
- Weißtee: ____________________

Wussten Sie?

Früchtetees sind keine Tees im eigentlichen Sinn. Zum Tee zählen ausschließlich die Produkte des Teestrauchs. Alle anderen „Tees“ sind „teeähnliche Getränke“. Dazu gehören beispielsweise Pfefferminztee, Roibuschtee oder Kamillentee.

Was gehört zu den alkoholischen Getränken?

Alkoholische Getränke dienen in erster Linie dem Genuss. Alkoholische Getränke darf man nur an Erwachsene ausschenken. Grundlage für die Alkoholentstehung ist, dass enthaltener Zucker in Alkohol umgewandelt wird. Alkoholische Getränke werden gerne getrunken, weil sie entspannend und stimmungssteigernd wirken. Alkoholkonsum kann aber auch zu gesteigerter Risikobereitschaft und Konzentrationsausfällen führen.

Bier ist ein alkoholisches Getränk, das aus Malz und Hopfen hergestellt wird. Hefe und Wasser werden bei der Herstellung zugegeben. Üblicherweise liegt der Alkoholgehalt in Europa zwischen 4 und 11 Volumenprozent.

Wein ist ein Produkt, das durch alkoholische Gärung von Weintrauben entsteht. Je nach Herstellungsverfahren gewinnt man Weißweine, Rotweine oder Roséweine. Der Alkoholgehalt liegt zwischen 9 und 15 Volumenprozent. In Deutschland wird Wein in 13 anerkannten Weinbaugebieten angebaut. Je nach Erfüllung von Qualitätsnormen tragen deutsche Weine die Bezeichnung Deutscher Wein (ohne geografische Angabe), Landwein (mit geschützter geografischer Angabe) oder Qualitäts- und Prädikatswein (mit geschützter Ursprungsbezeichnung). Ähnlich wie Wein wird auch Schaumwein hergestellt.

Wein

Likörweine, Südweine oder Dessertweine werden dem Gast zum Ende des Essens als Digestif angeboten. Die Herstellung dieser Produkte erfolgt aus Weinen, die mindestens einen Alkoholgehalt von 12 Volumenprozent haben. Likörweine, Südweine oder Dessertweine haben einen Alkoholgehalt zwischen 15 und 22 Volumenprozent.

Spirituosen haben laut EU-Verordnung einen Alkoholgehalt von mindestens 15 Volumenprozent. Für die Erzeugung hochprozentiger Getränke reicht die alkoholische Gärung nicht aus. Es wird die **Destillation** angewendet: Beim Erhitzen des alkoholischen Getränks verflüchtigen sich bestimmte Aromastoffe und Alkohol. Beim Abkühlen werden Alkohol und Aromastoffe wieder flüssig. Da das Wasser nicht so schnell in die Gasform übergeht, steigt die Konzentration von Alkohol und Aromaten. Wichtige Spirituosen sind:

- Branntweine: Cognac, Armagnac, Weinbrand, Grappa
- Getreidebrände: Whisky (Schottland, Irland, Canada), Whiskey (USA)
- Obstbrände: Kirschwasser, Aprikosenbrand, Calvados
- Rohstoff Ethanol: Genever/Gin, Akvavit, Ouzo, Wodka
- Rohstoff Zuckerrohr: Rum
- Rohstoff Agave: Tequila

18 Gewürze und Kräuter

Zubereitete Speisen bewirken durch ihre Geschmacksstoffe und Aromastoffe, dass das Essen ein Genuss wird. Der Koch gibt bei der Zubereitung von Speisen oft Kräuter und Gewürze zu. Dadurch werden Geruch und Geschmack verstärkt und abgerundet. Der Appetit wird durch Kräuter und Gewürze angeregt. Speichel und Magensaft werden verstärkt abgegeben. Dies beeinflusst die Verdauung positiv.

Wie verwendet man Kräuter in der Küche?

Kräuter sind ganze Pflanzen oder Pflanzenteile wie Blätter. Sie besitzen Inhaltsstoffe mit einem aromatischen, scharfen oder bitteren Geschmack.

Abbildung	Name	Eigenschaften	Verwendung
	Basilikum	stark duftend, würziger Geschmack	Gemüse, fette Fleischarten, Pizza, Pasta (mediterrane Küche)
	Bohnenkraut	Geruch nach grünen Bohnen, pfeffriger Geschmack, dominierend, sparsam verwenden	Bohnengerichte, alle Kohlarten
	Dill	frisches, etwas herbes Aroma, etwas süßlich, leicht scharfer Geschmack	Suppen, Soßen, Gemüse, Salate, Eier, Frischkäse, Fischgerichte
	Estragon	leicht pfeffrig	Suppen, Soßen (Sauce béarnaise), Gemüse, Salate, Fleischgerichte, Essig
	Majoran	etwas süßlicher Geruch, herb und leicht brennend im Geschmack	Wurst, Fleischgerichte, Kartoffelgerichte, Suppen, Gemüse, Remoulade
	Melisse	feines Zitronenaroma	Salate, Fischgerichte, Soßen, Frischkäse

Abbildung	Name	Eigenschaften	Verwendung
	Petersilie	süßliches Aroma, würzig und leicht scharf im Geschmack	Fisch- und Geflügelgerichte, Eiergerichte, Salate, helle Soßen (grüne Soße)
	Rosmarin	leicht bitter; braucht für den vollen Geschmack Hitze	italienische Gerichte, Wildgerichte, Fleischgerichte, Geflügel, Tomaten
	Thymian	herb-würzig	Fleisch- und Fischgerichte, Suppen, Soßen, Salate, mediterrane Gemüsegerichte

Wussten Sie?

Das beliebteste Kraut der Deutschen ist die Petersilie.

Kräuter sind in unterschiedlichen Formen im Handel. Frisch haben sie viele Vitamine, sehen sehr schön aus und haben den besten Geschmack. Allerdings sind frische Kräuter kaum lagerfähig. Kauft man sie im Topf, sind sie länger haltbar. Allerdings dürfen sie dann nicht in der Küche gelagert werden. Getrocknete Kräuter sind gut lagerfähig. Durch das Trocknen verändern sich Geschmack und Farbe. Tiefgekühlte Kräuter sind aromatischer als getrocknete Kräuter und haben kaum Farbverluste. Allerdings leidet die Struktur der Kräuter durch das Einfrieren.

Welche Gewürze verwendet man in der Küche?

Gewürze können aus allen Teilen der Pflanze gewonnen werden. Ingwer wird zum Beispiel aus der Wurzel einer Pflanze gewonnen, Nelke aus der Blüte einer Pflanze.
Auch Gewürze haben unterschiedliche Geruchsstoffe und Geschmacksstoffe.

Anis: süßlicher Geruch, würzig-frischer Geschmack; für Süßspeisen, Weihnachtsbäckerei, Suppen und Eintöpfe verwendet.

Chili / Cayennepfeffer: brennend-scharf (reizt die Nase); für feurig-scharfe Fleischgerichte (Chili con carne), würzige Soßen, Bestandteil von mixed pickles, in asiatischen und ungarischen Gerichten.

Ingwer: brennend-scharf; für asiatische Gerichte, Weihnachtsbäckerei, Chutneys.

Knoblauch: sehr intensiver Geruch, scharf-brennender Geschmack; für Fleischgerichte, Pizza, Pasta Suppen, Soßen, Salate, Kräuterbutter, Käse, Wurst.

Kreuzkümmel (Cumin): scharfer Geschmack (erinnert an Kümmel); für Reisgerichte, Chutneys, Würzsoßen.

Muskat: feurig-würzig, leicht bitter; für Wurstherstellung, Fleischgerichte, Gemüse, Suppen, Soßen, Gebäck.

Nelken: feurig-würzig; für Fleischgerichte, Kohlgerichte, Süßspeisen, Backwaren.

Paprika: süßliches Aroma, würzig und leicht scharf im Geschmack; für Fleischgerichte, Geflügelgerichte, Soßen, Fisch- und Gemüsegerichte, Suppen, pikantes Gebäck.

Pfeffer: würziger Geruch, scharf (weißer Pfeffer), brennend scharf (schwarzer Pfeffer), aromatisch, mild-scharf (grüner Pfeffer); Universalgewürz für helle Soßen, Marinaden, Käse.

Safran: aromatisch-bitter, leicht scharf, sehr ergiebig (teuerstes Gewürz der Welt); für Fleisch- und Fischgerichte.

Vanille: süßlich-würzig; für Süßspeisen, Gebäck, Eis, Schokolade.

Zimt: würziger Geruch, herb-süß; für Süßspeisen, Gebäck, Eis, exotische Gerichte, Glühwein.

Gewürze werden auch oft in Mischungen angeboten. Die wichtigsten Gewürzmischungen sind Curry, Tandoori-Mischung, Steakgewürz, Lebkuchengewürz.

Schwedenrätsel

Suchen Sie im folgenden Rätsel zehn Begriffe, die etwas mit Gewürzen zu tun haben und notieren sie die Begriffe.

M	B	H	J	K	O	L	U	E	R
U	V	A	H	W	S	C	A	Y	W
S	A	R	A	A	S	K	S	S	S
K	N	O	B	L	A	U	C	H	T
A	C	M	A	Q	W	E	M	M	P
T	V	A	C	M	N	M	K	I	A
Q	C	T	K	C	G	M	K	L	P
X	A	I	W	Q	T	E	U	E	R
O	I	S	A	T	G	L	B	B	I
P	P	C	R	N	K	L	W	S	K
D	F	H	E	W	H	J	J	U	A
B	H	J	N	W	K	W	E	R	Z
B	B	C	H	U	T	N	E	Y	Y
Q	G	H	J	R	K	L	O	Q	Q
O	P	P	B	Z	Q	Z	T	L	J
C	V	M	H	E	S	D	G	Z	T
D	C	H	I	L	I	R	F	W	S
B	S	W	P	L	K	T	V	B	M

19 Maßeinheiten

In Deutschland wird das metrische System für Maß- und Mengenangaben verwendet.

Die wichtigsten Basiseinheiten (Meter, Kilogramm und Liter) werden in Zehnerpotenzen ausgedrückt:

1/10 einer Einheit bekommt die Vorsilbe Dezi-.
1/100 einer Einheit bekommt die Vorsilbe Zenti-.
1/1 000 einer Einheit bekommt die Vorsilbe Milli-.
Das 1 000fache einer Einheit bekommt die Vorsilbe Kilo-.

Länge in Meter	
mm	Millimeter
cm	Zentimeter
dm	Dezimeter
m	Meter
km	Kilometer

Volumen in Liter	
ml	Milliliter
cl	Zentiliter
dl	Deziliter
l	Liter
hl	Hektoliter

Masse in Kilogramm	
mg	Milligramm
g	Gramm
kg	Kilogramm
t	*Tonne*
Pf	*Pfund*

Wie lauten die Abkürzungen für die wichtigsten Maßeinheiten in Küche und Gastronomie?

Litermaße			
1 l	ein Liter	1,0 l	1 000 ml
3/4 l	ein dreiviertel Liter	0,75 l	750 ml
1/2 l	ein halber Liter	0,5 l	500 ml
1/4 l	ein viertel Liter	0,25 l	250 ml
1/8 l	ein achtel Liter	0,125 l	125 ml

Kilogrammmaße			
1 kg	ein Kilogramm	1,0 kg	1 000 g
3/4 kg	ein dreiviertel Kilogramm	0,75 kg	750 g
1/2 kg	ein halbes Kilogramm	0,5 kg	500 g
1/4 kg	ein viertel Kilogramm	0,25 kg	250 g
1/8 kg	ein achtel Kilogramm	0,125 kg	125 g

Ein halbes Kilogramm (500 g) bezeichnet man auch als ein Pfund.

Beschriften

Beschriften Sie die Skala auf dem Messbecher mit den Angaben im Kasten.

1/8 l – 1/4 l – 1/2 l –
125 ml – 175 ml – 250 ml –
375 ml – 500 ml –
750 ml – 875 ml – 1 000 ml

Wie heißen die wichtigsten Geräte zum Messen und Wiegen?

In der Küche wird zum Wiegen von festen Lebensmitteln, wie beispielsweise Mehl, Zucker, Butter und Fleisch, eine Waage verwendet. Die Waage kann entweder digital oder analog-mechanisch sein.

Zum Messen von Flüssigkeiten verwendet man Messbecher. Die Skala kann in Milliliter oder Liter angegeben sein. Oft sind auch Skalen für das Abmessen von einigen festen Lebensmitteln wie Mehl, Zucker oder Kakao aufgedruckt.

Messbecher mit Milliliter- und Liter-Angabe

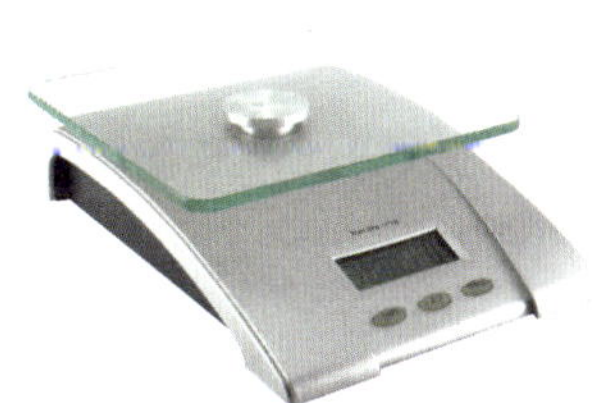
Digitalwaage

Analogwaage

Was ist die Tara-Funktion bei Waagen?

Bei Digitalwaagen kann durch das Drücken der Tara-Taste das gewogene Gewicht, z. B. der Verpackung, auf „null" zurückgesetzt werden. So kann das reine **Nettogewicht** eines Lebensmittels gewogen werden. **Bruttogewicht** bezeichnet dagegen das Gewicht mit dem Behälter. Analoge Waagen sind oft auch mit einer **Tara-Funktion** ausgestattet. Der Zeiger kann manuell in Nullstellung zurückgedreht werden. Die Tara-Funktion ist besonders wichtig bei der Herstellung von Teigen. So können mehrere Lebensmittel nacheinander in der gleichen Schüssel gewogen werden.

Bruttogewicht – Tara = Nettogewicht

Was bedeuten die Zahlen auf Konservendosen?

Konservendosen

Auf Konservendosen bezeichnet das Bruttogewicht die **Füllmenge**. Das **Abtropfgewicht** bezeichnet das Gewicht des Lebensmittels nach Abgießen der Flüssigkeit. Die Zahl im Kästchen zeigt das Volumen der Konservendose bei absoluter Füllung an (Randvollvolumen).

20 Zubereiten von Speisen

In der Großküche arbeiten Köche, Hauswirtschafter, Küchenhilfen und Auszubildende. Manche Hotel- oder Restaurantküchen beschäftigen eigene Bäcker und Konditoren für die Brot- und Kuchenherstellung. Das gesamte Personal einer Küche wird **Küchenbrigade** genannt.

Wie werden die Posten in einer Großküche bezeichnet?

Die Küchenbrigade ist dem Küchenchef unterstellt. Der stellvertretende Küchenchef übernimmt die Aufgaben des Küchenchefs, wenn dieser abwesend ist. Die Berufsbezeichnungen der Köche stammen aus dem Französischen.

Wichtige Posten in einer Großküche		
Posten	**Französische Berufsbezeichnung**	**Zuständig für**
Küchenchef	**Chef de cuisine**	Einkauf, Speisekarte, Dienstplan
Stellvertretender Küchenchef	**Sous chef**	Unterstützung und Vertretung des Küchenchefs
Koch der Kalten Küche	**Gardemanger**	Salate, Kalte Platten und Vorspeisen
Beilagenkoch	**Entremetier**	Gemüse, Sättigungsbeilagen
Saucenkoch	**Saucier**	Fleisch, Braten
Süßspeisenkoch	**Patissier**	Desserts

Was bedeutet Mise en Place?

Zu Beginn einer Schicht richtet der Koch seinen Posten ein. In der Küchensprache wird dies **Mise en Place** genannt. Der Koch stellt dabei Lebensmittel und Arbeitsgeräte vor dem eigentlichen Beginn der Aufgabe bereit.

Mise en Place zum Garnieren von Speisen in Gastro-Norm-Behältern

Sätze formulieren

Bilden Sie Sätze zu jedem Posten in der Küche:

- Küchenchef:

  Der Küchenchef kauft die Lebensmittel ein, schreibt die Speisekarte und erstellt den Dienstplan. Der Küchenchef ist zuständig für Einkauf, Speisekarte und Dienstplan.

- Stellvertretender Küchenchef:

  ____
  ____
  ____

- Koch der Kalten Küche:

  ____
  ____
  ____

- Beilagenkoch:

  ____
  ____
  ____

- Saucenkoch:

  ____
  ____
  ____

- Süßspeisenkoch:

  ____
  ____
  ____

Wussten Sie?

Durch die Anordnung der Lebensmittel und Arbeitsgeräte im inneren bzw. äußeren Greifraum kann schnell und rationell gearbeitet werden. Üblicherweise wird von rechts nach links und nicht über Kreuz gearbeitet. Das spart Zeit, Wege und Kraft.

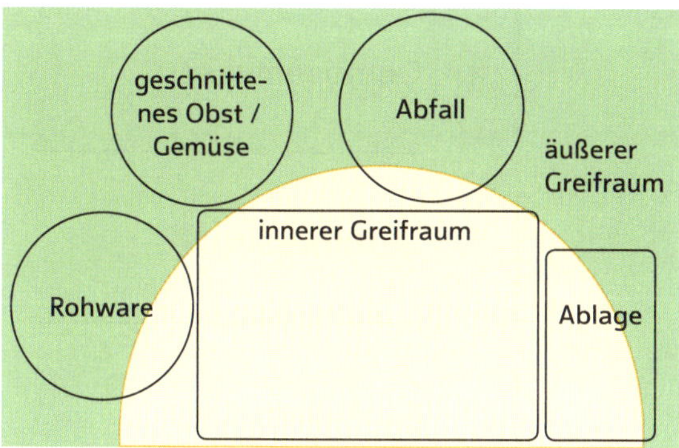

Innerer und äußerer Greifraum

Welche Vorbereitungstechniken beim Kochen gibt es?

Waschen

Bevor Lebensmittel zubereitet werden, müssen sie vorbereitet werden. Obst und Gemüse wird zuerst von groben Teilen befreit und danach gewaschen. Um möglichst viele Vitamine und Mineralstoffe zu erhalten, wird Gemüse und Obst unter fließendem Wasser kalt, unzerkleinert und schnell gewaschen. Bestimmte Gemüsesorten wie Lauch und Kohl werden der Länge nach aufgeschnitten, damit das Wasser Schmutz und Erde gut ausschwemmen kann. Salat wird nach dem Waschen trocken geschleudert. Kräuter werden trocken geschüttelt.

Lauch wird der Länge nach aufgeschnitten beim Waschen

Putzen

Nach dem Waschen wird Gemüse und Obst geputzt. Wurzelenden, Stielansätze, Blätter und schadhafte Stellen (z. B. faule Stellen oder grüne Stellen bei Kartoffeln) werden mit dem Gemüsemesser entfernt.

Sätze vervollständigen

Füllen Sie die Lücken im Text mit den passenden Wörtern:

- ____________ bedeutet in der Küchensprache das Herrichten von ____________ und Arbeitsgeräten.
- Der Koch ordnet sich Lebensmittel und ______ im ____________ bzw. äußeren ________ an.
- Die Arbeitsrichtung ist von ________ nach ________.
- Es wird ____________ über ____________ gearbeitet.
- Rationelles Arbeiten spart __________, Wege und __________.

Schälen

Bei Bedarf wird das Obst oder Gemüse geschält. Sparschäler schälen nur eine dünne Schicht Schale ab, so bleiben viele Vitamine im Lebensmittel enthalten. Wenn Obst oder Gemüse nicht sofort weiterverarbeitet wird, wird es im Kühlhaus gelagert.

Spargel wird mit dem Sparschäler geschält

Was sind Zubereitungstechniken beim Kochen?

Schneiden

Nach dem Waschen, Putzen und Schälen wird Obst und Gemüse zerkleinert. Auch Fleisch, Fisch und Brot wird klein geschnitten. Dafür gibt es verschiedene Messer (siehe auch S. 16):

Schneiden

Messerart	Verwendung
Kochmesser	Schneiden von Fleisch, Gemüse etc.
Gemüsemesser	Schälen und Putzen von Obst und Gemüse
Buntmesser	Obst und Gemüse eine Form geben
Ausbeinmesser	Fleisch vom Knochen schneiden
Tomatenmesser	„Sägen“ von Tomatenfleisch
Brotmesser	„Sägen“ von Brot

Zerkleinern

Lebensmittel werden außerdem durch Raspeln, Reiben, Hobeln, Mahlen oder Pürieren zerkleinert.

Technik zum Zerkleinern	Anwendung
Raspeln	Gemüse, z. B. Karotten
Reiben	Käse
Hobeln	Gemüse, z. B. Gurke
Mahlen	Kaffeebohnen, Getreide, Gewürze
Pürieren	Suppen, Soßen, Desserts

Sätze bilden

Bilden Sie Sätze zu jeder Messerart.

- Kochmesser:
  Mit dem Kochmesser schneidet man Fleisch und Gemüse.
- Gemüsemesser:
  ____
- Buntmesser:
  ____
- Ausbeinmesser:
  ____
- Tomatenmesser:
  ____
- Brotmesser:
  ____

Sätze vervollständigen

Füllen Sie die Lücken im Text mit passenden Wörtern.

- Obst und ______ wird ______________, kalt, ____________ und schnell gewaschen.
- Mit dem ______________ wird Obst und Gemüse geschält.
- ______________ überneh-men das ______________, Rieben, _________ oder _____________ von großen Mengen.

Küchenmaschinen kann man je nach Art der Zerkleinerung umrüsten. Küchenmaschinen übernehmen das Raspeln, Reiben, Hobeln oder Mahlen von großen Mengen. Sie sparen Zeit, Kraft und liefern gleichmäßige Ergebnisse. Ein Pürierstab wird zum Pürieren verwendet.

Vermischen und Vermengen

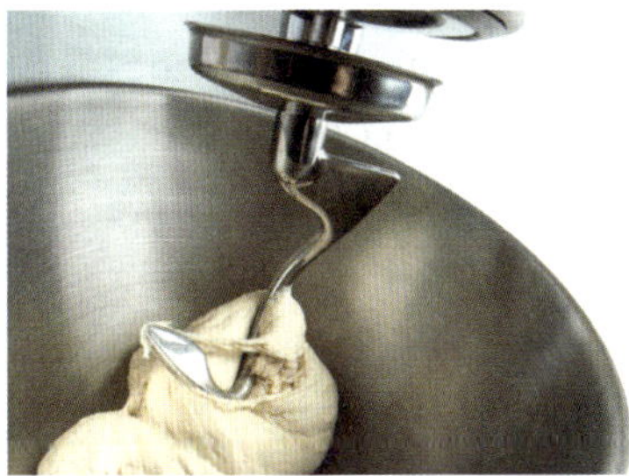
Küchenmaschine beim Kneten

Küchenmaschinen setzt man außerdem zum Vermischen und Vermengen von Zutaten ein. Besonders Teige lassen sich so mühelos herstellen. Die Maschinen können rühren, kneten und schlagen.

Techniken zum Vermischen/Vermengen	Anwendung
Rühren/Verrühren	Leichte Rührteige, Suppen, Soßen etc.
Kneten	Schwere Teige, z. B. Hefeteig
Schlagen	Sahne, Eiklar etc.
Unterheben	Biskuitteig, Eischnee, Sahne
Mixen	Smoothies etc.

Wie heißen die verschiedenen Gartechniken?

Garen

Garen ist das Erhitzen von Lebensmitteln in Wasser, Fett oder warmer Luft. Garen in Fett nennt man feuchtes Garen, Garen durch warme Luft nennt man trockenes Garen. Geschmack, Aussehen und Beschaffenheit des Lebensmittels ändern sich beim Garen. Hülsenfrüchte, Kartoffeln und Bohnen werden so erst genießbar. Krankheitserreger und schädliche Inhaltsstoffe in Fleisch, Fisch und Pilzen werden durch das Garen abgetötet. Die Wahl der richtigen Gartechnik ist entscheidend für ein gutes Ergebnis beim Zubereiten.

- ➯ Zum Pürieren wird der __________ verwendet.
- ➯ Küchenmaschinen werden zum Rühren, __________ und Schlagen von __________ verwendet.

Verbinden

Verbinden Sie die Gartechniken mit der Definition.

Garen in viel Flüssigkeit bei 100 °C – Garen in Wasserdampf – Garen und Bräunen in heißem Fett bei ca. 180 °C – Garen im Backofen in heißer Luft zwischen 150 und 230 °C – Garen in wenig Wasser oder Fett bei 85 bis 100 °C

- ➯ Dünsten: __________
- ➯ Backen: __________
- ➯ Kochen: __________
- ➯ Dämpfen: __________
- ➯ Braten: __________

Gartechnik	Beschreibung	Anwendungs-beispiel
Kochen	Garen in viel Flüssigkeit bei 100 °C	Nudeln
Garziehen	Garen in viel Flüssigkeit unter 100 °C	Knödel
Dämpfen	Garen in Wasserdampf	Gemüse
Dünsten	Garen in wenig Wasser oder Fett bei 85 bis 100 °C	Fischfilet
Braten	Garen und Bräunen in heißem Fett bei ca. 180 °C	Rinderfilet
Schmoren	Kombination aus Düsten und Braten	Rouladen
Frittieren	Garen in viel heißem Fett bei ca. 200 °C	Kroketten
Grillen	Garen und Bräunen in heißer Luft bei 250 bis 300 °C	Hähnchen
Backen	Garen im Backofen in heißer Luft zwischen 150 und 230 °C	Kuchen

Wussten Sie?

Der Begriff „Kochen“ bezeichnet sowohl den kompletten Herstellungsprozess einer Speise als auch eine Technik des Garens.

Was versteht man unter Fertigstellungs-techniken beim Kochen?

Abschmecken, Anrichten und Garnieren

Nach dem Garen werden die Speisen abgeschmeckt und gegebenenfalls mit Salz, Gewürzen oder Kräutern nachgewürzt. Im Hotel und Restaurant werden die abgeschmeckten Speisen auf Tellern zeitgleich angerichtet. **Sättigungsbeilagen** wie Nudeln oder Kartoffeln werden links auf dem Teller platziert. Die **Gemüsebeilage** wird rechts auf dem Teller angerichtet. Fleisch wird mittig zum Gast zeigend angerichtet. Garniert wird mit frischen Kräutern, frischem Gemüse oder Blüten und Soßen.

Sätze bilden

Setzen Sie den Text wieder zusammen.

Salz, Gewürzen oder Kräutern nachgewürzt / nach dem Garen / und gegebenenfalls mit / werden die Speisen abgeschmeckt / werden die abgeschmeckten Speisen / Sättigungsbeilagen wie Nudeln oder Kartoffeln / im Hotel und Restaurant / auf Tellern zeitgleich angerichtet / werden links auf dem Teller platziert / rechts auf dem Teller angerichtet / Die Gemüsebeilage wird / mittig zum Gast zeigend angerichtet / Fleisch wird / frischem Gemüse / Garniert wird / oder Blüten und Soßen / mit frischen Kräutern

____

____

____

____

____

____

____

____

____

____

____

____

____

____

____

____

Wie werden Speisen in der Gastronomie zubereitet?

Je nach Betriebsart werden Speisen nach dem Kochen sofort serviert, warmgehalten, gekühlt oder gefroren. Folgende **Verpflegungssysteme** gibt es in der Gemeinschaftsverpflegung:

Garnieren und Servieren von Speisen

Cook and Serve – Garen und Servieren

Speisen werden nach der Zubereitung direkt serviert. Im Hotel und Restaurant werden Speisen nach der Cook-and-Serve-Methode zubereitet.

Cook and Hold – Garen und Warmhalten

Speisen werden bis zu drei Stunden bei über 65 °C warmgehalten und von einer zentralen Küche an einen Ausgabeort transportiert. In der Kantine, Schulverpflegung und im Krankenhaus werden Speisen nach der Cook-and-Hold-Methode zubereitet.

Cook and Chill – Garen, Kühlen und Lagern

Speisen werden nach der Zubereitung innerhalb 90 Minuten auf 3 °C schockgekühlt und bei Bedarf erwärmt (regeneriert). Einige Lebensmittel im Hotel und Restaurant und ganze Gerichte in der Gemeinschaftsverpflegung werden nach dem Cook-and-Chill-Verfahren zubereitet.

Cook and Freeze – Garen, Tiefgefrieren und Lagern

Speisen werden nach der Zubereitung schockgefrostet und danach im Tiefkühlhaus aufbewahrt. Cateringbetriebe bereiten ihre Speisen oft nach der Cook-and-Freeze-Methode zu.

21 Kochen nach Rezept

Rezepte

Kochrezepte sind Anleitungen zum Herstellen von Speisen. Sie können als Text oder Tabelle dargestellt werden. Rezepte listen alle Zutaten mit **Mengenangaben** auf. Alle notwendigen Arbeitsschritte sind in chronologischer Reihenfolge dargestellt. Rezepte sind für eine bestimmte Anzahl von Personen verfasst. Als zusätzliche Informationen können Nährwert und Zubereitungszeit angegeben sein. Alle Informationen eines **Rezeptes** werden Rezeptangaben genannt.

Was versteht man unter der Zutatenliste und den Arbeitsschritten der Zubereitung?

In der Zutatenliste werden feste Lebensmittel in Gramm bzw. Kilogramm angegeben. Flüssige Lebensmittel werden in Milliliter bzw. Liter angegeben. Außerdem werden als weitere Mengenangaben in Rezepten folgende Abkürzungen verwendet:

Wichtige Mengenangaben in Rezepten			
EL	Esslöffel	St.	Stück
TL	Teelöffel	Pck.	Packung
Msp.	Messerspitze	Bd.	Bund
Pr.	Prise	nach Belieben/etwas	

Das genaue Einhalten der Mengenangaben in Rezepten trägt zum Gelingen der Speise bei.

Neben oder unter der Zutatenliste werden die Arbeitsschritte der Zubereitung in Stichpunkten oder kurzen Sätzen angegeben. Signalwörter deuten auf eine Technik hin, und zwar:

- Vor- und Zubereitung (z. B. schälen, raspeln),
- Garverfahren (z. B. braten, andünsten)
- Fertigstellung (z. B. anrichten, garnieren)

Kartoffelpuffer mit Apfelmus

Beispiel:

Kartoffelpuffer mit Apfelmus
(Rezept für 4 Personen)
Zubereitungszeit: ca. 45 min

Kartoffelpuffer	
Menge	**Zutaten**
1 kg	Kartoffeln, mehlig kochend
1	Zwiebel
1	Ei (Größe M)
4 EL	Mehl
1/4 TL	Salz, Pfeffer

+ Butterschmalz zum Ausbacken

Apfelmus	
Menge	**Zutaten**
1/2 kg	Äpfel
1 EL	Zucker
75 ml	Apfelsaft
2	Zimtstangen

Arbeitsschritte der Zubereitung

- Die Äpfel schälen, vierteln und das Kernhaus entfernen.
- Die Viertel klein schneiden und in einen Topf geben.
- Apfelstücke mit Zucker andünsten und mit Apfelsaft ablöschen.
- Zimtstangen zugeben und die Äpfel ca. 15 Minuten auf kleiner Flamme köcheln lassen, bis die Flüssigkeit reduziert ist und die Äpfel weich sind.

- Kartoffeln waschen, schälen und grob raspeln.
- Zwiebeln schälen und fein reiben.
- Mehl abwiegen und mit dem Ei zu der Kartoffelmasse geben.
- Kartoffelmasse mit Salz und Pfeffer abschmecken.

- 1 EL Butterschmalz in der Pfanne erhitzen.
- 2 EL Kartoffelmasse für einen Puffer in die Pfanne geben.
- Je nach Größe der Pfanne 3 bis 4 Puffer braten und nach 2 bis 3 Minuten wenden.
- Kartoffelpuffer herausnehmen und warm stellen.
- Butterschmalz nachgeben und restliche Kartoffelmasse zu Kartoffelpuffer braten.

Beschriften

Beschriften Sie die Grafik mit folgenden Angaben:

ganzer Apfel – halber Apfel – geviertelter Apfel – Kernhaus – Stiel – Blatt

Zuordnen

Ordnen Sie die Signalwörter aus dem Beispielrezept den Küchentechniken zu.

Vor- bzw. Zubereitungstechniken: *waschen*, *schälen*,

____

Gartechniken:

____

Techniken der Fertigstellung:

____

Rezept erstellen

Wählen Sie ein Rezept aus Ihrem Heimatland aus und schreiben Sie es auf einem separaten Blatt Papier in deutscher Sprache auf. Verwenden Sie die Signalwörter für die Vor- und Zubereitung, das Garen und die Fertigstellung.

- Weiche Apfelstücke zu Apfelmus pürieren (Zimtstangen davor herausnehmen) und abschmecken.
- Kartoffelpuffer und Apfelmus auf Teller anrichten, garnieren und servieren.

Wie werden Kochrezepte mit dem Dreisatz umgerechnet?

Rezepte für den Privathaushalt werden meistens für vier Personen angegeben. Um die Mengenangaben für eine höhere Personenzahl zu errechnen, wird der Dreisatz angewendet.

Menge für x Personen ≙ x Personen
gesuchte y Menge ≙ y Personen

Formel des Dreisatzes: $\frac{\text{Menge für x Personen} \cdot \text{y Personen}}{\text{x Personen}} = \text{gesuchte y Menge}$

Beispiel: Mengenangaben

Kartoffelpuffer			
Menge für 4 Personen	**Menge für 25 Personen**	**Dreisatz**	**Zutaten**
1 kg	6,25 kg	1 kg Kartoffel ≙ 4 Personen x ≙ 25 Personen $\frac{1 \cdot 25}{4}$ = **6,25 kg Kartoffeln**	Kartoffeln, mehlig kochend
1	6,25	1 Zwiebel ≙ 4 Personen x ≙ 25 Personen $\frac{1 \cdot 25}{4}$ = **6,25 Zwiebeln**	Zwiebel
1	6,25	1 Ei ≙ 4 Personen x ≙ 25 Personen $\frac{1 \cdot 25}{4}$ = **6,25 Eier**	Ei (Größe M)
4 EL	25 EL	4 EL Mehl ≙ 4 Personen x ≙ 25 Personen $\frac{4 \cdot 25}{4}$ = **25 EL Mehl**	Mehl
1/4 TL	1,5 TL	0,25 TL ≙ 4 Personen x ≙ 25 Personen $\frac{0{,}25 \cdot 25}{4}$ = **1,56 TL Salz/Pfeffer**	Salz, Pfeffer

Berechnen

Berechnen Sie die Mengenangaben für 25 Personen.

Apfelmus			
Menge für 4 Personen	**Menge für 25 Personen**	**Dreisatz**	**Zutaten**
1/2 kg			Äpfel
1 EL			Zucker
75 ml			Apfelsaft
2			Zimtstangen

22 Regional und saisonal Kochen

In deutschen Supermärkten gibt es eine große Auswahl an Obst und Gemüse. Das Angebot ist das ganze Jahr über vielfältig. Vor ein paar Jahrzehnten war das noch anders: Gemüse und Obst gab es nur zu den Anbauzeiten – Beerenobst gab es im Sommer und Kohlgemüse wurde im Winter angeboten.

Welches Obst und Gemüse wird in Deutschland angebaut?

Apfel, Birne, Kirsche, Pflaume, Aprikose, Erdbeere, Johannisbeere und Heidelbeere sind einige Obstsorten, die in Deutschland angebaut werden. Viele andere beliebte Obstsorten wachsen in Deutschland nicht. Das Klima ist zu kalt. Zitrusfrüchte, Mango, Kiwi und Bananen kommen mit dem Schiff oder Flugzeug nach Deutschland. Neun von zehn Obststücken in Deutschland sind importiert.

Heimische Gemüsesorten sind z. B. Bohne, Erbse, Möhre, Rosenkohl, Weißkohl, Feldsalat, Gurke und Tomate. Obwohl in Deutschland viel Gemüse angebaut wird, kommt zwei Drittel des Gemüses aus dem europäischen Ausland, z. B. aus Italien oder Spanien. Gemüse und auch Obst wird dort in riesigen Glashäusern gezüchtet und zu sehr günstigen Preisen angeboten.

Wintergemüse: Sellerie, Weißkohl, Rotkohl, Knoblauch, Rosenkohl, Kartoffeln, Möhren, Lauch, Zwiebeln

Regionales Obst: Äpfel aus der Bodensee-Region

Wussten Sie?

Ausländisches Obst und Gemüse wird teilweise noch unreif geerntet. Es reift bei Transport und Lagerung in speziellen Kühlhäusern oder Lagerhallen nach. Dadurch leiden aber der Geschmack und die Qualität.

Der Anbau, der Transport und die Lagerung von Früchten aus dem Ausland verbraucht sehr viel Wasser und Energie. Dadurch entsteht viel Kohlenstoffdioxid (CO_2). Die hohe CO_2-Belastung ist sehr schädlich für Umwelt und Klima.

Wann haben Obst und Gemüse in Deutschland Saison?

Die **Saison** bezeichnet die Haupterntezeit. In der Haupterntezeit ist Obst und Gemüse reif, frisch und besonders schmackhaft. Es ist nährstoffreich und hat einen hohen Gehalt an Vitaminen und Mineralstoffen. Obst und Gemüse ist in der Saison günstiger, da es ein großes Angebot davon gibt. Der Saisonkalender kennzeichnet die Haupterntezeiten. Kauft man nach dem Saisonkalender ein, isst man automatisch abwechslungsreich und vielfältig. (siehe S. 81)

Was bedeutet „aus der Region"?

Mit „**Region**" oder „**regional**" wird ein bestimmtes Gebiet bezeichnet. Bei Lebensmitteln ist damit gemeint, dass das Produkt aus der näheren Umgebung kommt. Obst und Gemüse aus der Region ist reif und besonders frisch. Die kurzen Transportwege sind schonend für das Klima. Die regionalen Anbauer werden durch den Kauf von Obst und Gemüse aus der Region unterstützt. Regionale Produkte kann man an verschiedenen Orten kaufen:

⇨ Hofladen/Gärtnerei

Bauernhöfe und große Gärtnereien haben oft einen kleinen Hofladen. Dort werden Obst und Gemüse und andere Produkte (z. B. Honig) verkauft. Oft sind die Waren sehr günstig, da sie direkt vom Erzeuger kommen.

⇨ Bauernmarkt/Wochenmarkt

In jeder größeren Gemeinde gibt es Wochenmärkte. Auf den Märkten verkaufen die Bauern, Metzger und Bäcker der Region ihre Waren. Das Angebot richtet sich nach der Saison. Das Obst und Gemüse ist frisch, reif und zu guten Preisen erhältlich.

Zuordnen

Handelt es sich bei den folgenden Lebensmitteln um Obst oder Gemüse? Ordnen Sie die Begriffe richtig zu.

Rosenkohl – Kirsche – Erdbeere – Feldsalat – Heidelbeere – Bohne – Birne – Pflaume – Erbse – Apfel – Gurke

⇨ Obst: ____________________

⇨ Gemüse: ____________________

Nachschlagen

Wann haben folgende Obst- und Gemüsesorten Saison?

⇨ Kürbis: ____________________

⇨ Tomaten: ____________________

⇨ Spargel: ____________________

⇨ Johannisbeeren: ____________________

⇨ Zucchini: ____________________

⇨ Rosenkohl: ____________________

⇨ Apfel: ____________________

➪ Supermarkt/Bioladen

Im Supermarkt wird das regionale Obst und Gemüse oft gekennzeichnet.

➪ Rhabarber: ______________

➪ Lauch: ______________

➪ Kopfsalat: ______________

➪ Kohlrabi: ______________

Auf dem Land: Hofladen mit Kartoffeln, Äpfeln und Pflaumen

Auf dem Markt: deutsches Obst zwischen exotischen Früchten

Kaufen Sie so oft wie möglich Obst und Gemüse aus regionalem und saisonalem Anbau.

Situation: Auf dem Wochenmarkt kauft ein Kunde an einem Stand ein.

Verkäuferin: „Guten Morgen!"

Kunde: „Hallo! Ich hätte gerne Gemüse für einen Gemüseeintopf und etwas Obst aus der Region."

Verkäuferin: „Gerne doch. Ich hätte da ganz frische Möhren und hier ein paar knackige Lauchstangen. Möchten Sie auch neue Kartoffeln? Frisch vom Feld!"

Kunde: „Das wäre wunderbar. Packen Sie mir bitte ein Kilo Möhren und zwei Kilo Kartoffeln ein. Ich nehme dazu noch zwei Stangen Lauch und ein Bund von der Petersilie. Haben Sie denn auch Sellerie?"

Verkäuferin: „Leider nein, das ist noch zu früh. Sellerie hat im Oktober und November Saison."

Kunde: „Okay. Welches Obst ist denn aus der Region?"

Verkäuferin: „Hier haben wir Äpfel vom Bodensee und daneben liegen Birnen – auch aus der gleichen Region."

Kunde: „Wunderbar, dann geben Sie mir doch bitte noch vier Äpfel und zwei schöne Birnen dazu."

Verkäuferin: „Sehr gerne! Darf ich Ihnen die Lebensmittel in den Korb legen?"

Kunde: „Ja, vielen Dank."

Saisonkalender (heimischer Anbau)

Obst	Jan	Feb	Mär	Apr	Mai	Jun	Jul	Aug	Sep	Okt	Nov	Dez
Äpfel									•	•	•	
Aprikosen							•	•				
Birnen								•	•			
Brombeeren								•	•	•		
Erdbeeren						•	•	•				
Heidelbeeren							•	•				
Himbeeren							•	•	•			
Johannisbeeren (rot, schwarz)						•	•	•				
Pfirsiche/Nektarinen							•	•				
Pflaumen							•	•	•	•		
Quitten										•	•	
Rhabarber				•	•	•						
Sauer-/Süßkirschen							•	•				
Stachelbeeren						•	•	•				
Weintrauben							•	•	•	•		

Gemüse	Jan	Feb	Mär	Apr	Mai	Jun	Jul	Aug	Sep	Okt	Nov	Dez
Blattsalate					•	•	•	•	•	•	•	
Blumenkohl/Brokkoli						•	•	•	•	•		
Chicoree	•	•	•	•	•	•	•	•	•	•	•	•
Fenchel						•	•	•	•	•	•	
Grüne Bohnen							•	•	•			
Grünkohl	•									•	•	•
Kartoffeln						•	•	•	•	•		
Kohlrabi				•	•	•	•	•	•	•		
Kürbis								•	•	•		
Möhren						•	•	•	•	•		
Paprika						•	•	•	•	•	•	
Pastinaken									•	•	•	
Porree (Lauch)	•	•	•	•	•	•	•	•	•	•	•	•
Radieschen/Rettich					•	•	•	•	•			
Rharbarber				•	•	•	•					
Rote Bete							•	•	•	•	•	
Rosenkohl										•	•	•
Salatgurken						•	•	•	•			
Schmorgurken						•	•	•	•			
Schwarzwurzel	•	•								•	•	•
Sellerie							•	•	•	•	•	
Spargel					•	•						
Spinat					•	•	•	•	•	•		
Steckrüben									•	•	•	
Tomaten							•	•	•	•		
Weiß-/Rot-Wirsingkohl, usw							•	•	•	•	•	
Zucchini							•	•	•			
Zwiebeln							•	•	•	•	•	

Gemüse (außer Tomaten) reifen nicht nach. Überlagerte Ware wird durch Wasserverlust weich (Tomaten), bieg fähig (Möhren) oder schrumpelig (Radieschen). Beim Kauf sollte auf feste Ware geachtet werden.

23 Eindecken des Tisches

Ein schön gedeckter Tisch lädt zum Essen ein. Auf ihm steht alles bereit, was der Gast benötigt.

Festlich gedeckter Tisch

Verschiedene Faktoren bestimmen, wie der Tisch für den Gast eingedeckt wird:

- Mahlzeit (Frühstück, Mittagessen oder Abendessen)
- Anzahl der Speisen (Gänge)
- Betriebsart (Restaurant, Kantine oder Café)
- Servierart (**À-la-carte**-Betrieb, Buffet, feste Menüfolge)
- Anlass

Das Grundgedeck besteht aus Teller, Gabel und Messer.

Was versteht man unter einem Gang in der Menüfolge?

Ein Menü bezeichnet eine Abfolge von Speisen. Die einzelnen Speisen nennt man Gänge. Die klassische **Speisenfolge** hat ihren Ursprung in Frankreich. Sie bestand aus 14 Gängen. Ein mehrgängiges Menü besteht heute aus zwei bis sieben Gängen: kalte Vorspeise, Suppe, warme Vorspeise, Fisch, Hauptgang, Käse, Dessert. Oft wird vor der Vorspeise noch ein Gruß aus der Küche gereicht, das **Amuse-Gueule**.

Im Restaurant wird in der Regel ein Menü aus drei Gängen angeboten: Vorspeise, Hauptspeise, Nachspeise. Die Nachspeise nennt man auch Dessert.

Wie geht man beim Eindecken vor?

Vor dem Eindecken werden die Tische ausgerichtet. Unebenheiten des Bodens können mit Korkscheiben unter den Tischbeinen ausgeglichen werden. Danach wird das Mise en Place zum Eindecken vorbereitet:

- Tischwäsche (Molton und Tischdecke)
- Besteck
- Servietten
- Gläser
- Blumen
- Kerzen
- **Menagen** (Salz)
- Menükarten und Tischkarten

Wie ist die Reihenfolge beim Eindecken der Tische?

1. Stühle ausrichten
2. Tischwäsche auflegen
3. Teller platzieren, dabei auf Symmetrie und gleichmäßigen Abstand achten
4. Besteck eindecken (siehe Zeichnung)
5. Gläser eindecken
6. Menagen, Kerzen und Blumen in die Tischmitte stellen
7. Servietten falten und einstellen

Das **Menügedeck** wird passend zur **Speisenfolge** des **Menüs** eingedeckt:

- Das Besteck wird von innen nach außen angeordnet – der Gast nimmt das Besteck beim Essen von außen nach innen weg.
- Die Messer werden in einer Linie zur Grundlinie gedeckt, die Gabeln werden versetzt (siehe Bild)
- Der Brotteller steht links neben der Gabel, das Buttermesser liegt darauf.
- Die Gläser werden in einer Linie oder im Dreieck über dem Hauptgangmesser angeordnet.
- Das Dessertbesteck liegt oberhalb des Tellers.
- Die Serviette liegt oder steht auf dem Teller.

Sortieren

Bringen Sie die Gänge in die richtige Reihenfolge.

Käse – Suppe – Fisch – Amuse-Gueule – warme Vorspeise – kalte Vorspeise – Dessert – Hauptgang

____

____

Wörter vervollständigen

Vervollständigen Sie die Wörter zum Thema Eindecken.

- Men ____________
- Blu ____________
- Serv ____________
- Tischw ____________
- Bes ____________
- Ke ____________
- Menük ____________
- Gl ____________

24 Körpersprache und Umgangsformen

Unter Umgangsformen versteht man die Art, wie Menschen sich gegenüber anderen Menschen verhalten. Die Gesellschaft bewertet dabei bestimmte Verhaltensweisen als negativ, andere als positiv. Insbesondere in Berufen, in denen es viel Kontakt zum Kunden oder Gast gibt, sind gute Umgangsformen sehr wichtig.

Wie sollte das Erscheinungsbild sein?

Ein gepflegtes Erscheinungsbild ist eine wichtige Voraussetzung für die Arbeit mit dem Gast. Die Mitarbeiter repräsentieren das Restaurant oder das Hotel, für das sie arbeiten. Körper- und Mundgeruch, ungewaschene Haare, ungepflegte Fingernägel, zottelige Bärte und zerknitterte Arbeitskleidung machen keinen guten Eindruck. Auch auffälliges Make-up oder stark duftendes Parfum sollte man bei der Arbeit nicht tragen.

Ein gepflegtes Erscheinungsbild

Mitarbeiter sollten durch ihr Auftreten zeigen, dass sie stolz sind, Teil des Serviceteams zu sein. Der Mitarbeiter sollte ein angenehmes Erscheinungsbild haben und eine saubere und korrekte Arbeitskleidung tragen.

Was Menschen unter guten Umgangsformen verstehen, kann von Kulturkreis zu Kulturkreis verschieden sein. Wechselt man den Kulturkreis, sollte man sich gut informieren, welches Verhalten dort angemessen ist.

Was ist bei der Begrüßung und Vorstellung zu beachten?

Wird ein Gast bereits mit einem Lächeln empfangen, hat er das Gefühl, mit dem Hotel oder dem Restaurant die richtige Wahl getroffen zu haben. Für das Gastgewerbe gilt grundsätzlich: Schlechte Laune hat hier nichts zu suchen. Es besteht die Gefahr, dass der Gast mit einem schlechten Gefühl nach Hause geht und nicht wiederkommt.

Freundlichkeit und Offenheit sind wichtig

Es macht einen guten Eindruck, wenn Gäste mit Namen angesprochen werden. Dies ist einfach, wenn eine namentliche Reservierung vorliegt. Auch die Mitarbeiter des Betriebes stellen sich häufig vor: „Mein Name ist ..., ich bin heute für Sie zuständig." Dadurch wird schnell ein Vertrauensverhältnis aufgebaut.

Welche Verkaufstechniken sind wichtig?

Fragen Sie nicht ständig, ob es „noch etwas sein darf“ – darauf erhalten Sie meist keine hilfreiche Antwort. „Noch etwas?“ ist eine sehr vage Frage. Der Gast kann sich darunter in dem Moment, in dem er gefragt wird, oft nichts vorstellen. Er antwortet „nein“.

Geschickter ist es, dem Gast eine Frage zu stellen, in der man Möglichkeiten nennt, welche Wünsche sich der Gast noch erfüllen könnte. Außerdem sollte der Gast eine Wahl haben.

Beispiel:

Hierzu gehören Empfehlungen für einen Wein oder für ein Dessert: „Möchten Sie etwas Süßes als Dessert? Würden Sie eine Käseauswahl bevorzugen oder darf es ein Espresso sein?“ wäre eine passende Verkaufstechnik. Auch kleine Extras, z. B. Amuse-Gueule oder Schokolade zur Rechnung, stimmen den Gast positiv.

Warum sollte man auf die Körperhaltung achten?

Halten Sie Abstand zum Gast. 50 bis 100 Zentimeter Abstand sind eine Distanz, mit der sich Mitteleuropäer wohlfühlen. Bei zu geringem Abstand kann sich der Gast bedrängt fühlen.

Für viele Menschen ist es wichtig, Augenkontakt halten zu können. Über die Augen können Einverständnis und Bestätigung, aber auch Missverständnis vermittelt werden. Oft ist es hilfreich, diese Signale rechtzeitig zu erkennen. Vermeiden Sie aber, ihr Gegenüber anzustarren. Dadurch fühlen sich Menschen unwohl.

Eine aufrechte Körperhaltung signalisiert Sicherheit, Stärke und Kompetenz. Dies wirkt sich auch auf einen selbst aus – man wirkt und wird selbstbewusster.

Aufrechte Körperhaltung wirkt kompetent

Verkaufstechniken üben

Beurteilen Sie: Kann das Servicepersonal durch die folgenden Sätze etwas verkaufen? Kreuzen Sie die richtigen Formulierungen an!

- ☐ Ein Stammgast hört mehrmals hintereinander die Empfehlung „Das Schnitzel auf der Tageskarte ist wirklich sehr gut“.
- ☐ Eine Aushilfe sagt „Ich bin eigentlich kein Leber-Fan, aber zusammen mit Apfel und Zwiebeln ist sie genial“.
- ☐ „Möchten Sie noch etwas?“
- ☐ „Wie wäre es zum Abschluss mit einem süßen Dessert oder einem Espresso?“
- ☐ „Schön, dass Sie bei uns waren, vielleicht bis zum nächsten Mal!“

25 Vorbereitung des Arbeitsplatzes

Bevor ein Restaurant oder Speiseraum öffnet, finden bereits viele Vorbereitungsarbeiten statt. Ohne die Vorbereitungsarbeiten würde die Bedienung des Gastes nicht reibungslos ablaufen.

Welche Vorbereitungsarbeiten finden im Office statt?

Besteck polieren

Mit dem Begriff „Office" bezeichnet man einen Vorbereitungsraum für den Service. Hier werden die für den Tag anstehenden Aufgaben mitgeteilt. Dazu gehören die Vorbereitungen für große Veranstaltungen, aber auch besondere Lieferungen oder Informationen aus der Küche. Täglich werden im Office alle Vorbereitungsarbeiten durchgeführt, für die während der Öffnungszeiten keine Zeit ist. Die Vorbereitungsarbeiten finden im Office statt, damit der Gast sie nicht sehen kann. Dabei werden die Arbeiten auf die Speisekarte und die erwartete Gästezahl abgestimmt:

- Kontrollieren, Polieren und eventuell Warmstellen von Geschirr,
- Kontrollieren, Polieren und Sortieren von Gläsern und Besteck,
- Reinigen und Bereitstellen von Tabletts und Servierwagen,
- Kontrollieren und Reinigen von Kerzenständern, Ersetzen von Kerzen,
- Austausch der Tischwäsche: Abgabe der benutzten Wäsche, Sortieren und Verräumen der Frischwäsche,
- Servietten brechen,
- Kontrollieren und Reinigen der Menagen, Auffüllen,
- Kontrollieren und Instandhalten der Flambier- und Fleischwagen,
- Kontrollieren und Bereitlegen der Speise- und Getränkekarten,
- Tischvasen kontrollieren, reinigen und dekorieren,
- Silber- und Messinggeräte kontrollieren und putzen,
- Rechauds, Cloches, Getränkekühler kontrollieren und reinigen,

Wenn man Vorbereitungsarbeiten gründlich ausführt, spart man Zeit. Man vermindert Stress, wenn die Wünsche der Gäste erfüllt werden sollen.

Welche Vorbereitungsarbeiten finden im Restaurant statt?

Bevor ein Gast ein Restaurant betritt, sind bereits viele Vorbereitungsarbeiten abgeschlossen. Im Office wurden viele Gegenstände (Bestecke, Gläser, Geschirr) für ihren Einsatz im Restaurant geprüft und vorbereitet. Auch der Raum muss kontrolliert und vorbereitet werden.

- Lüften: Bereits zum Dienstschluss am Vorabend werden die Fenster weit geöffnet, damit unangenehme Gerüche verschwinden. Während der Vorbereitung des Restaurants wird erneut gelüftet.
- Saugen und Wischen der Böden: Bereits am Vorabend sollten die Böden gründlich gereinigt werden. Verschmutzungen können am besten entfernt werden, wenn sie frisch sind.
- Saugen der Sitzpolster/Reinigen der Tisch- und Stuhlbeine: Dadurch werden die Einrichtungsgegenstände sauber gehalten. Kleinere Schäden werden außerdem schnell erkannt und können behoben werden.
- Reinigen von Fenstern/Fensterbrettern/Richten der Vorhänge: Fenster müssen nicht täglich geputzt werden. Durch eine tägliche Kontrolle des Fensterbereichs kann man Schmutzstellen und eventuell liegen gebliebene Sachen von Gästen schnell auffinden.
- Stellen der Tische entsprechend der Reservierungen/ Reservierungskarten auflegen: Es macht keinen guten Eindruck auf Gäste, wenn das Servicepersonal auf ihre Reservierungen nicht vorbereitet ist. Also werden vor der Öffnung des Restaurants die Tische so vorbereitet, dass bestellte Plätze schnell aufgefunden und besetzt werden können.
- Eindecken der Tische mit Tischwäsche/**Grundgedeck**/ Menagen: Das Eindecken von Tischwäsche während des laufenden Restaurantbetriebs ist störend. Ein eingedecktes Grundgedeck zeigt dem Gast, dass er gerne erwartet wird.

Satzteile ergänzen

Ergänzen Sie die Satzanfänge zu einem sinnvollen Satz.

Mit dem Begriff „Office" bezeichnet man ______________

____

Zu den für den Tag anstehenden Aufgaben können gehören ______________

____

Die Vorbereitungsarbeiten werden durchgeführt ______________

____

Folgende Geräte, Maschinen und Materialien werden kontrolliert und poliert ______________

____

Folgende Geräte, Maschinen und Materialien werden gereinigt ______________

____

Begründungen formulieren

Verschiedene Vorbereitungsarbeiten im Restaurant werden fast automatisch durchgeführt. Finden Sie für die folgenden Arbeiten eine kurze Begründung!

Lüften des Restaurants:

____

____

Gründliches Reinigen der Böden:

____

____

- Einsetzen der Dekoration: Die Dekoration sollte zum Stil des Hauses passen. Die Dekoration sollte das Miteinander der Gäste nicht stören. Blumenschmuck und Kerzen dürfen den Blickkontakt nicht stören. Intensive Gerüche dürfen das Aroma von Speisen und Getränken nicht stören. Blumen in Erde sollten aus hygienischen Gründen nicht auf dem Restauranttisch stehen.

Tische eindecken

- Anstellen der Stühle und korrektes Ausrichten: Menschen mögen Symmetrien. Erblickt der Gast beim Betreten des Restaurants gleichmäßig ausgerichtete Tische und Stühle, erwartet er auch einen gut organisierten Service.

- Vorbereiten von Servicetischen, Servanten und Servicestationen: Hier werden alle Materialien und Gegenstände bereitgehalten, die man im Laufe einer Restaurantschicht benötigen könnte. Hier gibt es auch eine kleine Arbeitsfläche, auf der beispielsweise Servietten gebrochen werden können.

- Bereitlegen der Speise- und Getränkekarte, Auswechseln der Tageskarten: Dabei prüfen die Servicemitarbeiter, welche neuen Speisen und Getränke angeboten werden.

- Prüfen von Raumluft, Raumtemperatur und Lautstärke der Musik: Mit passender Belüftung, Temperatur und Musik fühlt sich der Gast wohl.

Stellen der Tische entsprechend den Reservierungen:

____

____

____

Eindecken des Grundgedecks:

____

____

____

Vorbereiten der Servicemöbel:

____

____

____

Bereitlegen der Speisen- und Getränkekarten, Austauschen der Tageskarten:

____

____

____

26 Begrüßen, Beraten und Bedienen

Situation

Aleyna interessiert sich für eine Ausbildung zur Hauswirtschafterin. Sie macht gerade ein Praktikum in einem großen Hotel. Sie hat die Gelegenheit, die kommenden beiden Wochen in den Service zu wechseln. Dort soll sie erfahren, welche Anforderungen in diesem Bereich an sie gestellt werden. Aleyna sieht eine besondere Herausforderung darin, mit Kunden und Gästen umzugehen. Dies ist ein Bereich, den sie als Hauswirtschafterin ebenfalls beherrschen muss.

Wie empfängt und begrüßt man Gäste?

Wenn Gäste das Restaurant betreten, werden sie begrüßt. Das bedeutet, dass das Servicepersonal mit einem Lächeln auf den Gast zugeht und begrüßt. Die Begrüßung kann entsprechend der Tageszeit „Guten Tag“, „Guten Morgen“ oder „Guten Abend“ lauten. Weniger üblich ist es in der Gastronomie, den Gast mit „Hallo“ zu begrüßen.

Empfang an einer Rezeption

Nach der Begrüßung hilft das Servicepersonal beim Ablegen der Garderobe. Bei Gästen, die reserviert haben, informiert man sich nochmals über die Personenzahl der Reservierung. Bei Gästen, die nicht reserviert haben, erkundigt man sich, ob weitere Gäste erwartet werden und ob sie speisen möchten. Daraufhin wird ein passender Tisch ausgewählt.

Wie platziert man Gäste?

Tisch mit Reservierung

Bei Reservierungen oder beim Besuch von Stammgästen sind die Plätze bereits festgelegt. Haben Gäste keine Reservierung, muss man einen passenden Platz im Restaurant finden. Das Servicepersonal versucht, die Wünsche der Gäste zu berücksichtigen. Dies können sein: Fensterplätze, Kinderstühle, ein ausreichend großer Tisch usw.

In manchen Betrieben ist es üblich, neue Gäste zu anderen Gästen zu platzieren. Ungünstig ist es, die neuen Gäste direkt mit an einen besetzten Tisch zu nehmen. Grundsätzlich sollte man beachten, dass

- immer nur Einzelpersonen zu Einzelpersonen gesetzt werden,
- zwei zusammengehörende Personen immer zu zwei zusammengehörenden Personen gesetzt werden,
- Einzelgäste niemals zu Paaren oder Gruppen gesetzt werden.

Gäste werden zum Tisch geführt, indem das Servicepersonal vorangeht. Der ausgewählte Tisch wird präsentiert. Wenn die Gäste mit dem ausgewählten Tisch einverstanden sind, ist das Personal beim Platznehmen behilflich. Das Servicepersonal zündet nun die Kerzen an. Sind Menü und Getränke bereits abgesprochen, werden Brot und Butter zur Verfügung gestellt. Treffen die Gäste erst jetzt ihre Wahl, werden die Speise- und Getränkekarten ausgegeben. Dann kann das Beratungsgespräch/Verkaufsgespräch beginnen.

Wie berät man Gäste?

Beratung bei der Speisenwahl

Das Ziel aller Tätigkeiten im Restaurant ist das Verkaufen von Getränken und Speisen. Die Gäste sollten mit dem Service zufrieden sein. Um erfolgreich zu verkaufen, helfen einige Hinweise:

- Es ist wichtig, dass das Servicepersonal sehr gut über die Angebote informiert ist und die **Speisekarte** kennt. Die Mitarbeiter sollten auch zum Beispiel über ausgefallene Biersorten informieren können. Das Fachpersonal setzt seine Kenntnisse dabei so ein, dass der Gast Unterstützung bei der Auswahl der Getränke und Speisen bekommt. Es werden keine gastronomischen Fachbegriffe verwendet, die man außerhalb der Gastronomie nicht versteht.

Platzieren von Gästen

Halten Sie die korrekte Reihenfolge des Servierens ein. Das Ehepaar Müller mit Sohn, 18 Jahre, und Tochter, 22 Jahre, sitzen in Ihrem Servierbereich.

- Wie ist die Reihenfolge des Vorlegens?
  - ☐ Sohn
  - ☐ Frau Schulze
  - ☐ Tochter
  - ☐ Herr Schulze
- Wie wäre die Reihenfolge, wenn der Sohn heute Geburtstag hätte?
  - ☐ Sohn
  - ☐ Frau Schulze
  - ☐ Tochter
  - ☐ Herr Schulze
- Wie wäre die Reihenfolge, wenn Herrn Schulzes Schwiegermutter ebenfalls am Geburtstagstisch sitzen würde?
  - ☐ Sohn
  - ☐ Frau Schulze
  - ☐ Tochter
  - ☐ Herr Schulze
  - ☐ Schwiegermutter

Wie antworten Sie?

Manchmal kommt es vor, dass Gäste Dinge wünschen, die ein Restaurant oder Hotel nicht erfüllen kann. Wie würden Sie in den folgenden Situationen reagieren?

- Die Vorlieben und Abneigungen der Gäste werden erfragt. Das Servicepersonal sollte auf dieser Grundlage passende Speisen und Getränke vorschlagen. Kreativität ist hierbei wichtig.
- Das Servicepersonal teilt sein Fachwissen sympathisch mit.
- Körpersprache wird geschickt und bewusst eingesetzt. Zu einer guten Körpersprache gehören: angenehmer Händedruck, Blickkontakt, Lächeln, aufrechte Haltung, Hände ruhig halten, Distanz wahren, deutlich sprechen, freundliche Mimik.

Wie bedient man Gäste?

Wenn alle Gäste ausgewählt haben, werden die Bestellungen aufgenommen. Eventuell muss man nach der Wahl der Gäste umdecken. Bei der Wahl einiger Fischgerichte muss man beispielsweise die passenden Messer bereitlegen. Zuerst werden die Getränke serviert. Bei Flaschenweinen lässt man den Gast, der bestellt hat, einen Probeschluck nehmen. Sind alkoholische Getränke serviert worden, wird den Gästen „zum Wohl“ gewünscht.

Beim Französische Service wird in der Regel ein Gast nach dem anderen bedient. Bei anderen Servicemethoden wird eine Reihenfolge eingehalten: Kinder und Jubilare werden immer zuerst bedient. Danach folgen sehr alte vor sehr jungen Gästen. Damen werden vor Herren bedient. Der Gastgeber wird immer als letzter berücksichtigt, es sei denn, er ist der Ehrengast.

Sind alle Gäste versorgt, wünscht das Personal einen „guten Appetit“. Zwischendurch sollte man nachschauen, ob die Gäste zufrieden sind oder ob weitere Bestellungen gegeben werden. Nach Beendigung der Mahlzeit werden Geschirr und Besteck abgeräumt. Gläser bleiben zunächst stehen.

Der Gast, der keinen Zugang zur Sauna bekommt, verlangt einen Rabatt auf den Zimmerpreis und droht mit einer schlechten Bewertung auf Buchungsportalen. Wie reagieren Sie?

____

____

____

____

____

____

____

____

____

Ihr Restaurant hat beschlossen, ab 17:00 Uhr keine Kinder unter 14 Jahren mehr einzulassen. Dies ist die Reaktion darauf, dass viele Kinder schlecht erzogen sind und andere Gäste durch Toben und Schreien stören. Ein Elternpaar mit zwei kleinen Kindern besteht darauf, dass Sie bei Ihnen nach 19:00 Uhr essen können.

____

____

____

____

____

____

____

____

____

27 Servieren

Im Restaurant kann es hektisch werden: Servicepersonal läuft hin und her, Gäste kommen und gehen. Für einen ruhigeren Ablauf gibt es Regeln, die Servicemitarbeiter einhalten sollten.

Welche „Verkehrsregeln" muss man im Service beachten?

Der Gast hat immer Vorgang. Dies geschieht aus Höflichkeit. Der Gast soll bei der Erkundung des Betriebs oder bei der Rückkehr zu seinem Tisch nicht gestört werden.

Unter den Mitarbeitern gilt immer „rechts vor links" und „Last vor Hast".

Mitarbeiter, die gerade schwere Tabletts oder Ausrüstungen tragen, haben immer den Vortritt. Sie sollen so schnell wie möglich diese Lasten abliefern können. Der Mitarbeiter sollte plötzliches Stehen-bleiben, Richtungswechsel beim Gehen oder Rückwärtsgehen unterlassen.

Welche Servierregeln gibt es?

Servierregeln erleichtern dem Servicepersonal das Versorgen des Gastes mit Speisen und Getränken. Servierregeln ermöglichen, dass der Gast wenig durch den Vorgang des Servierens gestört wird.

- Alle Gegenstände, die sich direkt vor dem Gast oder vor der rechten Seite des Gastes befinden, werden von rechts eingesetzt, ausgehoben oder eingedeckt.
- Überwiegend von rechts werden Tellergerichte und Geschirr eingesetzt, wird eingeschenkt, ausgehoben und eingedeckt.
- Alle Gegenstände, die sich vor der linken Seite des Gastes befinden, werden von links eingesetzt, ausgehoben oder eingedeckt: Salate, Brotteller mit Messer, Gabeln.
- Ausschließlich von links wird präsentiert und vorgelegt.

Sitzen mehrere Personen an einem Tisch, wird immer in Blickrichtung weiter bedient. Beim Bedienen sollte man nicht rückwärts gehen, da man dadurch leicht stolpern kann.

Bei den Servierregeln geht es darum, den Gast so wenig wie möglich zu stören.

Wie räumt man Geschirr ab?

Man sollte nicht zu viele Teller auf einmal abräumen. Hohe Tellerstapel sehen nicht schön aus. Ausheben, Stapeln und Zusammenstellen sollten möglichst wenig Lärm machen. Besteck, Speisereste und Servietten werden auf den vorderen Tragetellern sortiert.

Welche Serviermethoden gibt es?

Speisen können am Tisch des Gastes unterschiedlich serviert werden. Dies bezeichnet man als Serviermethoden.

Der Tellerservice ist typisch für deutsche Restaurants

Die amerikanische Serviermethode (Tellerservice) ist in vielen Betrieben verbreitet. Alle Speisenkomponenten werden in der Küche vollständig auf Tellern angerichtet. Das Servicepersonal serviert dem Gast die Speisen.

Bei der französischen Serviermethode (Plattenservice) werden alle Speisen auf Platten angerichtet. Das Servicepersonal präsentiert den Gästen die Hauptkomponente mit Soße, Vitaminbeilage und Sättigungsbeilage und legt entsprechend den Gästewünschen vor.

Die englische Serviermethode (Service vom Beistelltisch) ist die aufwendigste Serviermethode. Alle Speisen sind auf Platten angerichtet, die nacheinander allen Gästen eines Tisches präsentiert werden. Am Beistelltisch wird tranchiert und filetiert. Nun richtet das Servicepersonal die von den Gästen gewünschten Speisen auf Tellern an und setzt sie jeweils beim Gast ein. Nacheinander wird jeder Gast so versorgt.

Fehlertext

Im folgenden Text werden „Verkehrsregeln" für das Restaurant beschrieben. Es gibt einige Fehler. Finden Sie die Fehler und schreiben Sie einen richtigen Text auf ein separates Blatt Papier!

Im hektischen Alltag des Servicepersonals muss der Gast Rücksicht nehmen. Vorrang beim Gehen im Restaurant hat deshalb immer das Servicepersonal. Unter den Mitarbeitern des Restaurants hat immer der ranghöchste Vorrang. Da es für den Gast nicht schön anzusehen ist, wenn jemand schwere Lasten zu tragen hat, sollten diese niemals im Restaurant bewegt werden. Wer hinten geht, muss immer im Auge, was vor ihm passiert, ob der Vordermann plötzlich stehenbleibt, rückwärtsgeht oder sich umwendet.

Welche Servicearten gibt es?

Speisen und Getränke werden den Gästen je nach Anlass, Gästezahl und Restauranttyp unterschiedlich angeboten. Diese Servierarten sind:

- À la carte: Der Gast wählt anhand der Speisekarte Speisen und Getränke aus. Die Speisen werden in der Küche à la minute zubereitet. Das Servicepersonal steht bei der Wahl der Speisen und Getränke beratend zur Seite.
- Büfett: Alle Speisen werden auf einer langen Tafel dem Gast präsentiert. Dieser kann nach seinen Vorlieben selbstständig auswählen. Das Servicepersonal ist eventuell hinter dem Büfett behilflich.
- Bankett: Zu einem festgelegten Zeitpunkt wird in einem separaten Raum für einen geschlossenen Personenkreis ein vorab besprochenes festliches Essen serviert.
- Table d'hôte: zu einem bestimmten Zeitpunkt wird ein festgelegtes Menü allen Gästen serviert. Die Gäste haben allerdings keinen Bezug zueinander.

Büfett

Beispiele für die unterschiedlichen Servicearten im Alltag

Der À-la-carte-Service ist der übliche Service im Restaurant. Der Büfettservice wird oft dann eingesetzt, wenn viele Menschen versorgt werden. Büfettservice gibt es beispielsweise oft in Mensen und Kantinen, aber auch bei großen Veranstaltungen. Der Bankettservice ist der typische Service für gehobene Festveranstaltungen. Der Table-d'hôte-Service wird oft für Hotelgäste angewendet.

28 Abrechnen

Wie wird im Restaurant bezahlt?

Beim Abrechnen hat der Gast mehrere Möglichkeiten zu zahlen.

Zahlungsmittel im Restaurant

Die Deutschen zahlen meistens mit *Bargeld* in der Landeswährung Euro. Schwieriger ist das Bezahlen in einer fremden Währung. Der Betrieb darf ausländisches Geld annehmen. Dabei macht er aber Verluste: Wechselnde Tageskurse und Umtauschgebühren verursachen Kosten für das Restaurant. So muss meist in Euro bezahlt werden.

Häufiges Zahlungsmittel ist in Deutschland das Bargeld

Gutscheine, Gutscheinbücher oder Vouchers sind in Deutschland beliebte Geschenke, nicht nur für Restaurants. Restaurants und Hotels bieten die Möglichkeit, für einen bestimmten Geldbetrag einen Bon zu kaufen, mit dem eine Rechnung bezahlt werden kann. Beim Bezahlen werden die Beträge des Gutscheins und der Rechnung abgeglichen. Je nach Betrag muss der Gutscheininhaber dann noch einen zusätzlichen Betrag bezahlen oder er bekommt Geld zurück.

In Betriebskantinen oder Mensen von Schulen oder Universitäten werden oft *Wertbons* verkauft. In diesen Einrichtungen der Gemeinschaftsverpflegung stehen die Preise für drei bis vier unterschiedliche Speisen dauerhaft fest. Die Wertbons werden vor der Speisenausgabe gekauft und nach der Speisenausgabe abgegeben. So bleibt der Aufwand für das Bezahlen gering, denn es werden zu bestimmten Zeiten viele Menschen versorgt.

Reiseschecks (Travellerchecks) werden heute nur noch selten verwendet. Sie sind ein sehr sicheres Zahlungsmittel auf Reisen: Im Heimatland kauft der Reisende die Schecks z.B. in Dollar. Über ein aufwendiges Verfahren kann er dann im Urlaubsland bezahlen oder Geld ausgezahlt bekommen.

Ein moderner Weg zur bargeldlosen Zahlung ist die *Near Field Communication-Zahlung*. Sie funktioniert mit dem Handy oder der EC-Karte. Das eigene Smartphone oder die EC-Karte werden in einem kurzen Abstand auf den Terminal des Geldempfängers gehalten. Der Geldtransfer erfolgt elektronisch. Bei höheren Beträgen muss eine PIN eingegeben. werden.

Bei der klassischen EC-Zahlung steckt man seine EC-Karte in en Terminal. Die Übertragung des Rechnungsbetrages muss durch eine Unterschrift oder durch eine PIN bestätigt werden.

In vielen Betrieben kann der Gast auch mit seiner Kreditkarte bezahlen. Bei dieser Zahlungsart übernimmt ein eigenes Kreditkarteninstitut zunähst die Zahlung von Rechnungen, die ihre Kunden in einem bestimmten Zeitraum erhalten – also auch eine Restaurant- oder Hotelrechnung. Nach Ablauf des festgelegten Zeitraums bekommt der Kunde dann eine Gesamtrechnung über alle Zahlungen. Die ausstehende Summe muss er dann bezahlen.

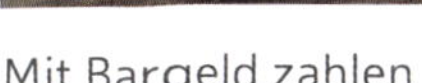

Mit Bargeld zahlen

Mit dem Smartphone zahlen

Mit der EC-Karte zahlen

Abrechnung des Servicepersonals mit dem Betrieb

Der Gast bemerkt es nicht, aber: Wenn er seine Rechnung bezahlt, setzt er jedes Mal zwei Abrechnungsvorgänge in Gang. Die erste Abrechnung erfolgt zwischen dem Gast und dem Servicepersonal.

Das Servicepersonal erstellt mit verschiedenen Hilfsmitteln die Gastrechnung: Hier kommen das Bonbuch oder die Restaurantkasse zum Einsatz. Auf dieser Grundlage bezahlt der Gast seine Rechnung. Vielleicht gibt er ein Trinkgeld extra dazu.

Am Ende des Arbeitstages rechnet das Personal mit dem Betrieb ab: Alle Bons und Zahlungsnachweise der Registrierkassen werden addiert und mit dem Wert der ausgegebenen Speisen und Getränken abgeglichen. Dem Servicepersonal dienen als Abrechnungsmittel Bargeld, Gutscheine, Schecks, Kreditkartenbelege u.s.w.

Zahlungsnachweise abrechnen

Richtige Aussagen finden

Kreuzen Sie zu den verschiedenen Zahlungsmitteln im Restaurant die richtige Antwort an!

- Bargeld im Restaurant:
  - ☐ Bargeld wird heute kaum noch im Restaurant verwendet.
  - ☐ Bargeld wird in Deutschland noch häufig im Restaurant und im Geschäftsleben verwendet.
  - ☐ Bargeld wird in Europa 2020 abgeschafft.
- Gutscheine im Restaurant:
  - ☐ Restaurants nehmen in Zukunft nur noch Gutscheine an.
  - ☐ Viele Restaurants lehnen die Ausgabe von Gutscheinen ab.
  - ☐ Gutscheine können als Geschenk verwendet werden.
- NFC-Zahlung im Restaurant:
  - ☐ NFC-Zahlung nimmt immer mehr zu.
  - ☐ NFC-Zahlung ist für das Restaurant ein sehr interessantes Zusatzgeschäft.
  - ☐ NFC-Zahlung wird ab 2020 für alle Betriebe vorgeschrieben

29 Reinigungsmittel

Was ist Reinigung?

Reinigung und Desinfektion

Das Saubermachen von Räumen wird Putzen oder Reinigen genannt. Das Ziel der Reinigung ist es, Räume, Gegenstände und Textilien von Schmutz zu befreien und Sauberkeit und Ordnung herzustellen.

Eine regelmäßige Reinigung stellt sicher, dass der Wert von Gegenständen und Materialien erhalten bleibt und Menschen sich wohlfühlen.

Die Reinigung eines privaten Haushaltes unterscheidet sich von der professionellen Gewerbereinigung. In Arztpraxen, Krankenhäusern und Großküchen muss besonders auf Sauberkeit und **Hygiene** geachtet werden. Deswegen erfolgt nach der Reinigung auf bestimmten Flächen die Desinfektion. Unter Desinfektion versteht man das Abtöten bzw. Inaktivieren von Keimen. Ziel der Desinfektion ist es, die Infektion mit krankheitserregenden Keimen beim Menschen zu verhindern.

Eine regelmäßige Desinfektion verhindert die Ausbreitung von Keimen und somit die Infektion und Krankheit bei Menschen.

Wussten Sie?

Im privaten Haushalt muss nach der Reinigung nicht desinfiziert werden. Die Anzahl der Keime ist viel geringer.

Welche unterschiedlichen Reinigungsmittel gibt es?

Reinigungsmittel

Zu den Reinigungsmitteln zählen Putzmittel und Waschmittel. Reinigungsmittel lassen sich nach dem **pH-Wert** einteilen:

Säurehaltige Reiniger	Neutralreiniger	Alkalische Reiniger
pH 1 sauer	**pH 7 neutral**	**pH 14 alkalisch**

Säurehaltige Reiniger	Neutralreiniger	Alkalische Reiniger
Essigreiniger	Allzweckreiniger	Fettlöser
Sanitärreiniger	Alkoholreiniger	Backofen- und Grillreiniger
WC-Reiniger	Geschirrspülmittel (pH-Wert 5,5)	Rohrreiniger

Achtung! Mischen Sie niemals saure und alkalische Reinigungsmittel! Dabei können giftige Gase, z. B. Chlorgas entstehen.

Weitere Reinigungsmittel

- Scheuermittel: Abrasivstoffe (kleine Schleifkörnchen) entfernen mechanisch hartnäckigen Schmutz
- Pflegemittel: spezielle Polituren oder Wachse für Böden, Holz und Leder
- Desinfektionsreiniger: kombiniertes Reinigungs- und Desinfektionsmittel, z. B. für Fußböden, um einen Arbeitsgang zu sparen
- Spezialreiniger: z. B. für Metall, Glas, Teppich etc.

Wussten Sie?

Reiniger mit dem EU-Umweltzeichen oder Blauen Engel sind besonders umweltverträglich.

Wie ist der richtige Umgang mit Reinigungs- und Desinfektionsmitteln?

- Reinigungsmittel nicht in Reichweite von Kindern aufbewahren.
- Dosieranleitung und **Gefahrenkennzeichnung** beachten: Eine Überdosierung kann die Gesundheit des Reinigungspersonals gefährden, Gegenstände beschädigen und die Umwelt belasten. Materialkosten steigen. Eine Unterdosierung ermöglicht die Ausbreitung von Keimen und macht erneutes Reinigen notwendig. Personal- und Materialkosten steigen.
- Schutzkleidung (Handschuhe, Schutzbrille) tragen.
- Reinigungs- und Desinfektionsplan einhalten.
- Keine Reinigungsmittel mischen.
- Reinigungs- und Desinfektionsmittel gründlich entfernen, damit Lebensmittel nicht verunreinigt werden.

Reinigungsmittel sicher aufbewahren

30 Reinigung in der Küche

In einer Küche muss stets auf Sauberkeit und **Hygiene** geachtet werden. Mangelnde Hygiene kann der Auslöser für Krankheiten sein. Die Reinigung der Küche im Privathaushalt unterscheidet sich von der Reinigung einer Großküche. Im Privathaushalt reichen Spülmittel, Fettlöser und Scheuermilch für starke Verschmutzungen oder Eingebranntes. Ein Desinfizieren ist nicht erforderlich. In der Großküche müssen spezielle Vorgaben und Hygienevorschriften eingehalten werden. Oft übernehmen professionelle Reinigungsfirmen die tägliche Reinigung und Desinfektion.

Achten Sie auf Arbeitsplatzhygiene, Lebensmittelhygiene und persönliche Hygiene.

Reinigung in einer Großküche

Geschirrspülen in einer Großküche

Was ist der Unterschied zwischen einer Zwischen- und Endreinigung?

Die Zwischenreinigung findet nach jedem Arbeitsgang statt. Dazu gehört:

- Lebensmittel abdecken, kühlen oder im nächsten Schritt weiterverarbeiten,
- Arbeitsgeräte zum Spülen geben,
- Abfall entsorgen,
- Arbeitsflächen reinigen, gegebenenfalls desinfizieren (in der Großküche) und sehr gründlich mit klarem Wasser nachspülen.

Wussten Sie?

Besonders bei der Verarbeitung von Risikolebensmitteln wie rohem Geflügel, Ei und Fisch muss auf gründliche Lebensmittel- und Betriebshygiene geachtet werden. Alle Arbeitsgeräte und Arbeitsmittel müssen nach Benutzung sofort sehr heiß gereinigt werden. Dadurch kann eine gefährliche **Keimverschleppung** (z. B. von **Salmonellen**) vermieden werden.

Die Endreinigung findet am Ende des Kochtages statt. Dazu gehört:

- groben Schmutz entfernen,
- alle Oberflächen (Wandflächen, Arbeitsflächen und Fronten) reinigen, desinfizieren (in der Großküche) und sehr gründlich mit klarem Wasser nachspülen,

- Geschirr gründlich spülen, trocknen und verräumen,
- Lebensmittel kühlen oder luftdicht verpacken,
- alle Waschbecken, Armaturen und Ausgüsse reinigen,
- Abfall entsorgen,
- Boden reinigen und gegebenenfalls desinfizieren,
- alle Reinigungstücher, Schwämme und Geschirrtücher in die Wäsche geben.

Wussten Sie?

Durch Spülmittel und alkalische Reiniger wird die **Oberflächenspannung** des Wassers herabgesetzt. Wasser kann somit leichter unter den Schmutz vordringen und ihn von der Oberfläche lösen.

Wie wird Geschirr gespült?

Geschirr wird von Hand oder in einer Geschirrspülmaschine gespült. In der Großküche gibt es spezielle Gläserspülmaschinen, Hauben-Geschirrspülmaschinen oder Band-Geschirrspülmaschinen. (s. S. 99)

Beim Geschirrspülen von Hand wird folgendermaßen gearbeitet:

- Spülmittel und Arbeitsmittel (Spüllappen, Schwamm, Bürste) vorbereiten,
- beide Becken mit heißem Wasser füllen (rechts Spülmittel zugeben),
- schmutziges Geschirr rechts neben der Spüle stapeln,
- stark verschmutztes Geschirr einweichen,
- Geschirr im rechten Becken spülen,
- Reihenfolge beim Abspülen einhalten: Gläser, Tassen, Besteck, Teller, Schüsseln, Töpfe, Pfannen,
- Geschirr im linken Becken nachspülen,
- Geschirr auf der Fläche links abtropfen lassen,
- Wasser ablassen, Ausguss säubern.

Achtung! Keine Messer im Spülwasser liegen lassen! Es besteht Verletzungsgefahr!

Beschriften

Ordnen Sie den Fotos folgende Wörter zu:

Wandfläche – Arbeitsfläche – Front – Waschbecken – Boden – Armatur – Ausguss

Sätze bilden

Was ist bei der Küchenreinigung zu beachten? Bilden Sie Sätze aus den Satzteilen und schreiben Sie die Sätze auf ein separates Blatt Papier.

nach der Verarbeitung / eine gründliche Reinigung / von Risikolebensmitteln durchführen / Arbeitsgang durchführen / eine Zwischenreinigungen / nach jedem / Reinigungsmittel bzw. Desinfektionsmittel / mit klarem / sehr gründlich / Wasser nachspülen / und Fronten mitreinigen / alle Wandflächen / regelmäßig / Spülschwämme und Putztücher / austauschen

31 Reinigung von Räumen

Alle Räume müssen in regelmäßigen Abständen gereinigt werden. Folgende Faktoren bestimmen die Reinigung:

- Art der Einrichtung und des Raumes
- Bodenbelag und Material im Raum
- Verschmutzungsgrad

Reinigungspläne helfen im Privat- und Großhaushalt, anfallende Arbeiten regelmäßig auszuführen.

Welche Arten der Gebäudereinigung gibt es?

Täglich/wenn nötig	*Ca. 2 - bis 3-mal pro Woche*	*Ca. 1 - bis 2-mal pro Jahr*
Sichtreinigung	**Unterhaltsreinigung**	**Grundreinigung**
Überbrückende Arbeiten zur nächsten Unterhaltsreinigung	Regelmäßige Reinigung von Oberflächen, Bad und Böden	Intensives Reinigen von Räumen und Gegenständen – auch an schwer zugänglichen Stellen
 ① Lüften, Gardinen ausrichten, Betten machen	 ② Tische und Oberflächen trocken oder feucht reinigen	 ③ Möbel ausräumen und bewegen, Oberflächen pflegen
 ④ Aufräumen	 ⑤ Bad und WC reinigen	 ⑥ Fliesen entkalken, Fugen reinigen
 ⑦ Boden kehren und groben Schmutz entfernen	 ⑧ Boden feucht reinigen/ staubsaugen	 ⑨ Böden und Fußleisten intensiv reinigen und pflegen

Täglich/wenn nötig	*Ca. 2 - bis 3-mal pro Woche*	*Ca. 1 - bis 2-mal pro Jahr*
Sichtreinigung	**Unterhaltsreinigung**	**Grundreinigung**

Abfall leeren	Fenstersims reinigen, Blumen gießen	Fenster und Rahmen putzen, Gardinen abnehmen und waschen, Polstermöbel reinigen

Situation: Morgenmeeting

Die Hausdame eines Hotels spricht beim Morgenmeeting zum Reinigungspersonal.

Hausdame: „Guten Morgen zusammen! Heute haben wir einen ruhigen Tag, nur 8 Abreise-Zimmer und 22 Bleibe-Zimmer. Wir schaffen das vormittags. Nachmittags haben wir daher Zeit für Grundreinigungsarbeiten."

Personal: „Welche Arbeiten wären das denn heute?"

Hausdame: „Zum einen werden wir Tagungsraum 1 ausräumen und den Fußboden shampoonieren. Vergessen Sie bitte nicht die Fußleisten!"

Personal: „Alles klar. Wir stellen die Möbel wie immer in den Raum gegenüber."

Hausdame: „Perfekt. Dann müssen noch alle Gardinen abgenommen und die Fenster geputzt werden."

Personal: „Okay, das machen wir natürlich, bevor wir den Fußboden reinigen!"

Hausdame: „Ja, genau! Team 1 reinigt bitte die Abreise-Zimmer und Team 2 die Bleibe-Zimmer."

Zuordnen

Ordnen Sie die Begriffe den Bildern in den Tabellen der Seiten 102 und 103 zu.

Reinigungstuch – Schwamm – Bürste – Staubsauger – Besen – Kehrschaufel – Gießkanne – Abfallsack

____
____
____
____
____
____
____
____
____
____
____
____
____

Welche Grundsätze gelten beim Reinigen?

- Von oben nach unten reinigen
- Räume systematisch gegen den Uhrzeigersinn reinigen, Mitte zuletzt
- Geeignete Reinigungsmittel auswählen
- Auf Sicherheit achten, z. B. stabile Trittleitern verwenden
- Keimverschleppung vermeiden, verschiedenfarbige Reinigungstücher verwenden

Für die Reinigung von Küche, Bad und Wohnräumen und Büroräumen werden Reinigungstücher in verschiedenen Farben verwendet (Vier-Farben-System):

Blau für Mobiliar

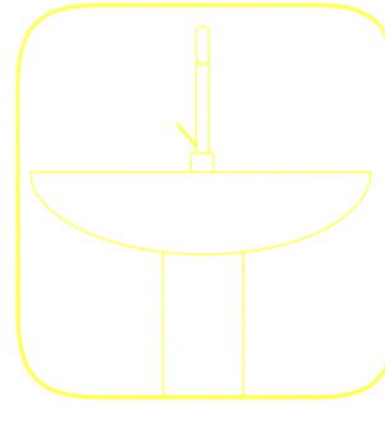

Gelb für Bad

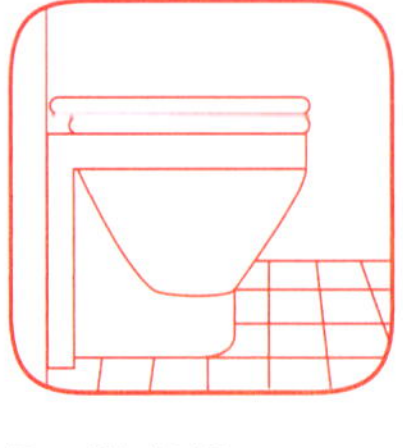

Rot für WC

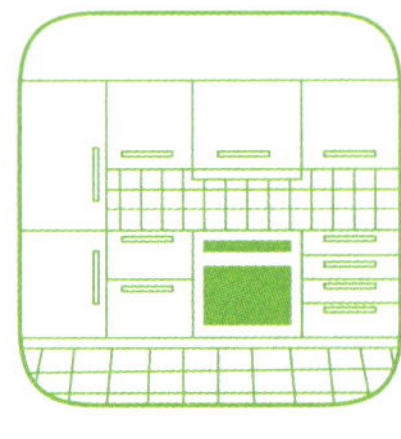

Grün für Küche

Achten Sie auf die korrekte Verwendung von Reinigungstüchern und Reinigungsmitteln.

Wie werden Sanitärräume gereinigt?

- Geeigneten Reiniger für jeweilige Oberfläche auswählen, Reinigungslösung herstellen
- WC-Reiniger in der Toilettenschüssel einwirken lassen
- Badutensilien aufräumen, Handtücher gegebenenfalls austauschen, Abfall leeren
- Spiegel und Ablageflächen reinigen: gelbes Reinigungstuch mit Reinigungslösung
- Waschbecken und Duschbereich reinigen: gelbes Reinigungstuch mit Reinigungslösung
- Toilettenbereich (Spülkasten, Toilettendeckel, Toilettensitz, Fliesen, Beckenrand) reinigen: rotes Reinigungstuch mit Reinigungslösung
- Reinigungstücher zur Wäsche geben

Welche Möglichkeiten gibt es zur Bodenreinigung im privaten Haushalt und im Gewerbe?

Fußböden werden entweder manuell mit einem Mopp bzw. Wischsystem oder maschinell mit einem Reinigungsautomaten bzw. einer Scheibenmaschinen geputzt.

Bodenreinigung

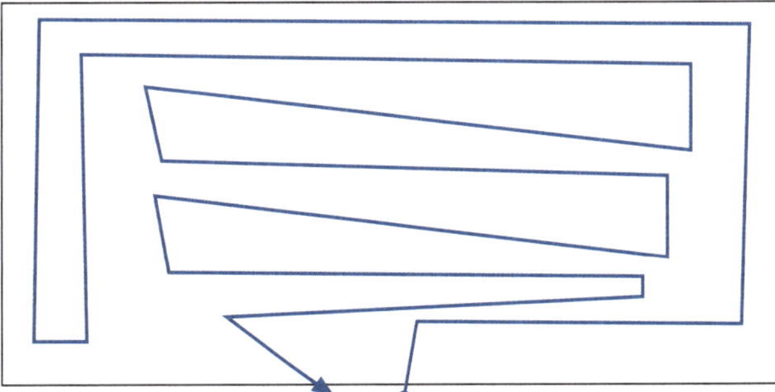
Wischrichtung bei der Bodenreinigung

Wie werden Fenster gereinigt?

- Gardinen abhängen oder zur Seite schieben, Fenstersims abräumen
- Reinigungslösung mit Allzweckreiniger herstellen
- Rahmen mit Allzweckreinigerlösung reinigen (danach Reinigungslösung erneuern)
- Innere Glasscheibe mit Fenstereinwascher oder Reinigungstuch reinigen
- Glasscheibe mit einem Abzieher in senkrechten Bahnen ziehen, Abtropfwasser mit Tuch auffangen
- Äußere Glasscheibe ebenso reinigen
- Eventuell mit Fensterleder nachpolieren
- Fensterbank reinigen und Gegenstände zurückstellen, Gardinen ausrichten

Verbinden

Ordnen Sie jeweils das Gegenteil zu.

rechts – gegen den Uhrzeigersinn – außen – senkrecht – unten – zur Mitte

- innen: ____________
- waagrecht: ____________
- links: ____________
- im Uhrzeigersinn: ______
- zum Rand: ____________
- oben: ____________

Fensterreinigung

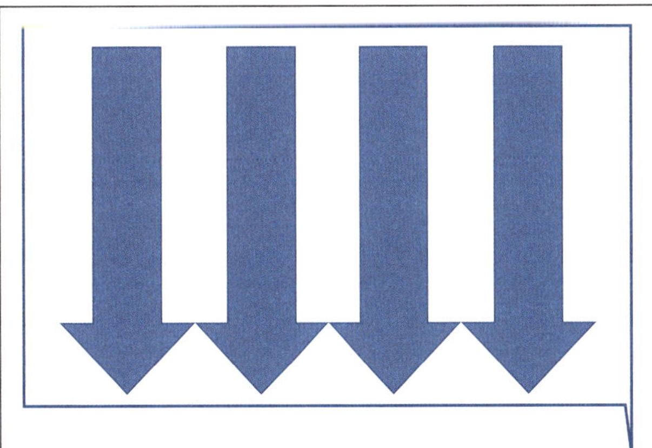
Wischrichtung bei der Fensterreinigung

32 Reinigung von Textilien

Welche Faktoren beeinflussen die Reinigung?

Verschiedene Faktoren sind für die Reinigung wichtig: Zeit, Mechanik, Chemie und Temperatur. Reduziert man einen Faktor, muss ein anderer vergrößert werden. Der Sinner'sche Kreis stellt die vier wichtigen Faktoren dar.

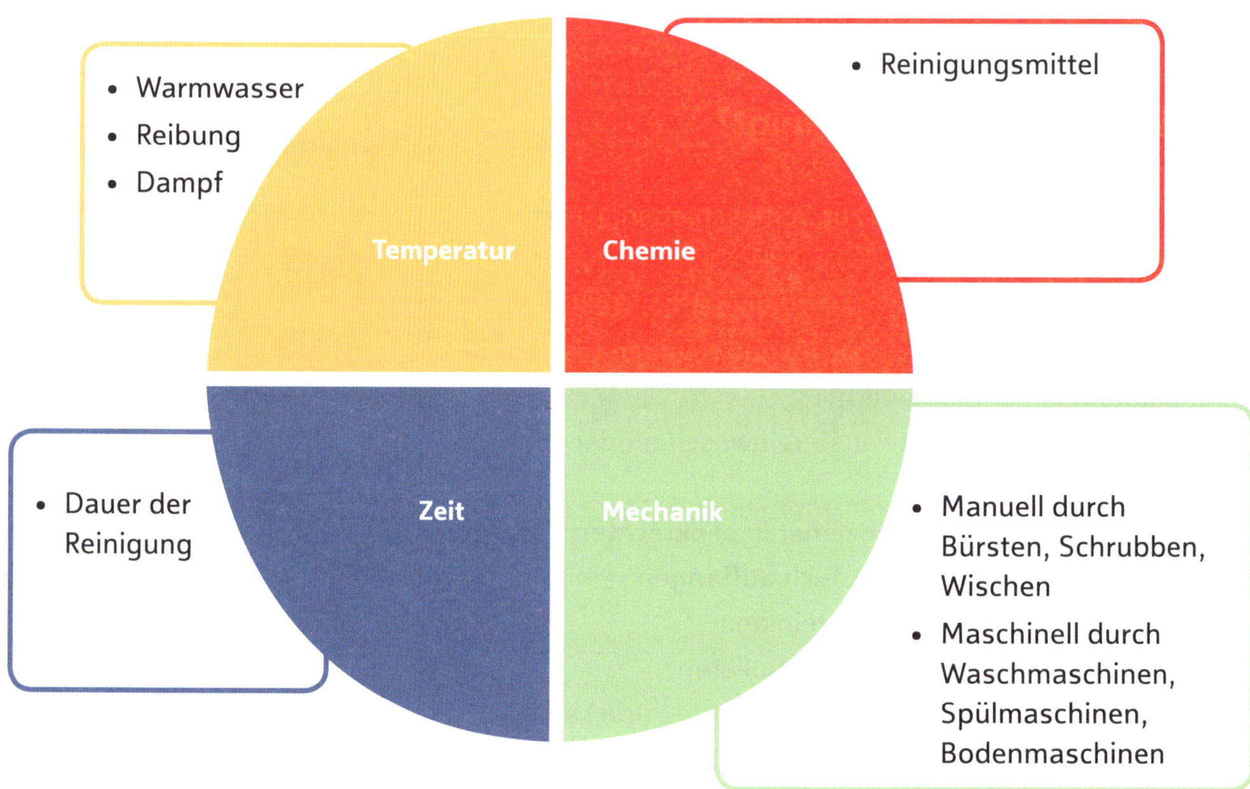

Beispiel: **Wäschewaschen früher und heute**

Bei der Handwäsche ist der Faktor Mechanik (durch Schrubben und Reiben) stark erhöht. Bei der Maschinenwäsche dagegen ist der Faktor Mechanik verringert, da die Faktoren Chemie (hochaktive Waschmittel) und Zeit (lange Waschdauer) erhöht sind. Moderne Reinigungsmittel und Maschinen erleichtern die Arbeit und sorgen für Hygiene und Sauberkeit.

Waschbrett

Waschmaschine

Wie lassen sich Fasern einteilen?

Textilien bestehen aus Fasern oder Fasermischungen. Die Faserart bestimmt, wie Textilien gereinigt und gepflegt werden müssen. Baumwolle kann bei sehr hohen Temperaturen gewaschen und gebügelt werden. Synthetische und cellulosische Fasern können bei mittleren Temperaturen, aber Seide und Wolle nur bei sehr niedrigen Temperaturen gewaschen und gebügelt werden.

Gängigste Faserarten	
Art	**Beispiel**
pflanzlich	Baumwolle, Leinen
tierisch	Wolle, Seide, Kaschmir
cellulosisch	Viskose, Modal
synthetisch	Polyester, Polyacryl, Polyamid

Was sagen die Pflegekennzeichen aus?

Die **Pflegekennzeichen** sind auf dem Etikett in der Kleidung zu finden. Der Hersteller gibt an, wie das Kleidungsstück behandelt werden soll.

Beispiele für Pflegekennzeichen			
Waschen			
60	Normalwaschgang 60 °C	60	Schonwaschgang 30 °C
	Handwäsche		Nicht waschen
Bleichen			
	Chlor- oder Sauerstoffbleiche erlaubt		Nicht bleichen
Trocknen			
	Trocknen im Trockner möglich (normale Temperatur)		Trocknen im Trockner möglich (niedrige Temperatur)
	Nicht trocknen		

Beispiele für Pflegekennzeichen			
Bügeln			
	Bügeln mit hoher Temperatur und Dampf		Bügeln mit niedriger Temperatur ohne Dampf
	Nicht bügeln		
Professionelle Textilpflege			
P	Professionelle Trockenreinigung (Symbol mit P)		Nicht trockenreinigen

Wie lauten die Waschprogramme?

Die meisten Waschmaschinen in Deutschland sind sogenannte Frontlader. Sie können bis zu 7 Kilogramm Wäsche waschen. Moderne Waschmaschinen haben viele verschiedene Programme. Die vier wichtigsten Programme sind:

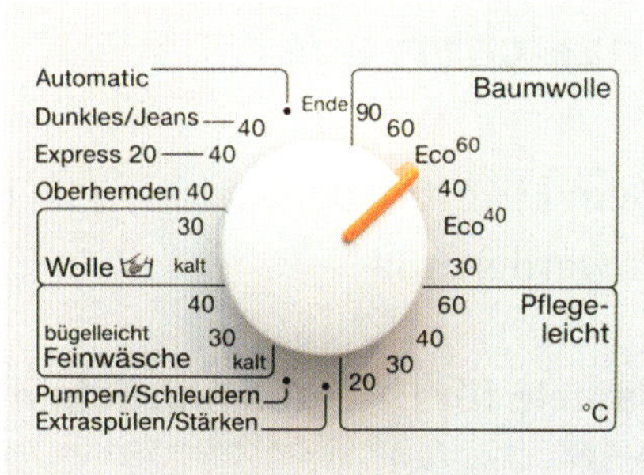

Waschprogramme auf einer Waschmaschine

- ➪ Koch- und Buntwäsche bei 60 bis 90 °C
- ➪ Pflegeleicht bei 20 bis 60 °C
- ➪ Feinwäsche bei 30 bis 40 °C
- ➪ Wollprogramm bis 30 °C

Wussten Sie?

Spüllappen und Schwämme sind nach einigen Tagen stark mit Keimen besiedelt und müssen entweder entsorgt oder bei mindestens 60 °C in der Maschine gewaschen werden.

Pflegekennzeichen lesen

Wie muss das abgebildete Kleidungsstück gewaschen und gepflegt werden?

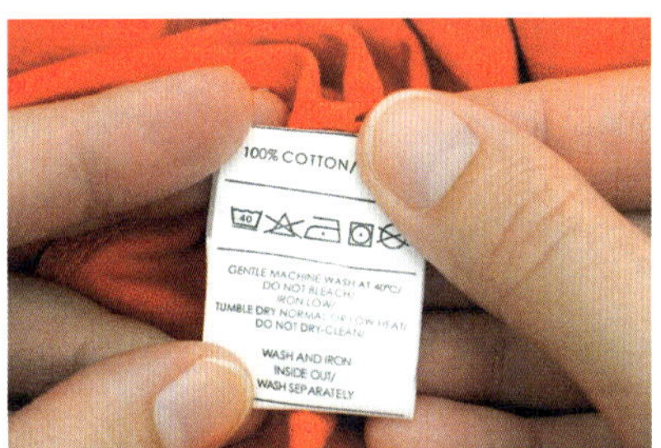

____

____

____

____

____

____

____

Welche Mittel werden zum Wäschewaschen und -pflegen benötigt?

Im Drogeriemarkt gibt es viele Waschmittel und Pflegemittel für Textilien. Waschmittel gibt es in Pulverform, flüssig oder als Tabs. Auf spezielle Waschmittel für Schwarzes oder Sportbekleidung kann verzichtet werden. Diese Waschmittel reichen für die Wäschepflege aus:

Verschiedene Waschmittel: Waschpulver, flüssiges Gel und Waschpulverkapseln

- Vollwaschmittel, pulvrig
- Feinwaschmittel, flüssig
- Wollwaschmittel, flüssig

Was muss beim Waschen beachtet werden?

- Wäsche gut vorsortieren (Farbe, Material)
- Pflegekennzeichen beachten
- Waschmittel nicht über- oder unterdosieren
- Waschmaschine nicht zu voll beladen
- Reißverschlüsse schließen
- Knöpfe offen lassen

Achten Sie besonders bei Wolle und Seide auf die richtige Pflege.

Wussten Sie?

Weichspüler belasten die Umwelt. Verzichten Sie auf Weichspüler oder reduzieren Sie den Verbrauch auf das Nötigste. Verwenden Sie stattdessen Essig!

Waschen Sie einmal im Monat Wäsche bei 60 oder 95 °C, um Bakterien in der Maschine abzutöten.

Zuordnen

Ordnen Sie die Textilien den Waschprogrammen zu.

Baumwoll-Geschirrtuch – Unterwäsche aus Spitze – Wollpullover – T-Shirt aus Baumwolle/Polyester – Kleide aus Viskose

- Buntwäsche 90 °C: ____
- Wolle kalt: ____________
- Buntwäsche 40 °C: ____
- Feinwäsche 40 °C: ____

Verbinden

Verbinden Sie die Satzteile.

Pflegekennzeichen / Waschmaschine / Knöpfe / Wäsche / Reißverschlüsse / Waschmittel nicht

schließen / über- oder unterdosieren / beachten / offen lassen / nicht zu voll beladen /gut vorsortieren (Farbe, Material)

____

____

____

____

____

____

33 Umweltschutz

Umweltschutz bedeutet Klima, Wasser, Böden und die wildlebenden Tiere und Pflanzen zu schützen. Umweltschutz ist in Artikel 20 a im Grundgesetz der Bundesrepublik Deutschland verankert. Seit dem Beginn der Industrialisierung und Urbanisierung leidet die Umwelt unter Luftverschmutzung und Gewässerverschmutzung, der Abholzung der Wälder und dem hohen Müllaufkommen.

Treibhausgase (z. B. CO_2 oder Methan) in der Atmosphäre verstärken den **Treibhauseffekt**. Der Treibhauseffekt entsteht, indem die Treibhausgase die reflektierte Wärmestrahlung von der Erde teils absorbieren und nicht zurück ins Weltall lassen. Dadurch steigt die durchschnittliche Temperatur auf der Erde an (siehe Abbildung). Überschwemmungen und Dürre sind die Folge.

Um die Erde auch für zukünftige Generationen zu erhalten, müssen Umwelt und Klima geschützt werden. Kleine Taten können Großes bewirken, wenn die Menschheit achtsam mit Energie, Wasser und der Natur umgeht. Im hauswirtschaftlichen Handeln kann viel dazu beigetragen werden.

Treibhausgase sind für den Treibhauseffekt und somit für die Erderwärmung verantwortlich. Klimaschutz bedeutet, Treibhausgase zu reduzieren.

Umweltverschmutzung

Treibhauseffekt

Wie lässt sich beim Reinigen und Waschen die Umwelt schützen?

- Schmutz vermeiden, z. B. Schuhe ausziehen
- Schmutz sofort entfernen, z. B. Rotweinflecken
- Mechanische Hilfsmittel anstelle von Chemie einsetzen, z. B. Bürsten
- Regelmäßig reinigen, um die Verwendung aggressiver Reiniger zu vermeiden
- Verpackungsmüll vermeiden, z. B. Nachfüllpackungen und Großpackungen kaufen
- Einmalwischtücher vermeiden
- Reinigungs- und Waschmittel richtig dosieren
- Stark saure oder stark alkalische Reinigungsmittel im Privathaushalt vermeiden
- Desinfektionsmittel im Privathaushalt vermeiden
- Reinigungsmittel mit „EU-Umweltzeichen“ oder „Blauer Engel“ kaufen

- Hausmittel zum Reinigen verwenden
- Nicht unnötig lange das Wasser laufen lassen
- Vorwäscheprogramme nur bei stark verschmutzter Wäsche wählen
- Kochwäschen vermeiden – 40 °C reicht aus
- Wäsche zum Trocknen aufhängen – auf den Wäschetrockner verzichten

Was sind alternative Reinigungsmittel?

Im Privathaushalt benötigt man nur wenige Reiniger, einige können sogar durch umweltfreundliche Hausmittel ersetzt werden:

- Essig entfernt Kalk, bindet Gerüche und desinfiziert.
- Zitronensäure eignet sich zum Reinigen von Bad und Fliesen und zum Entkalken.
- Natron bindet Gerüche.
- Soda löst Fett.

Wie kann Energie eingespart werden?

- Bei Neugerätekauf auf Energieeffizienzklasse A+++ achten
- Kühlschränke nicht neben Ofen oder Heizung aufstellen
- Dichtungen von Kühlschränken und Fenstern kontrollieren
- LED-Lampen wählen
- Stoßlüften im Winter
- Maschinen (Geschirrspülmaschine, Trockner) voll befüllt einschalten
- Wäsche an der Luft trocknen lassen
- Stand-by-Modus bei Elektrogeräten vermeiden
- Keine Möbel vor die Heizkörper stellen
- Nachwärme (der Herdplatte und des Backofens) beim Kochen nutzen
- Töpfe mit Deckel beim Ankochen verwenden
- Töpfe auf die richtige Platte stellen
- Auf ebene Topf- und Pfannenböden achten
- Warmwasser sparen

Achten Sie auf die Umwelt. Sparen Sie Energie und Wasser und vermeiden Sie Müll.

Verbinden

Verbinden Sie die Satzteile.

Maschinen (Geschirrspülmaschine, Trockner) / Töpfe auf die / Dichtungen von Kühlschränken und Fenstern / Nachwärme (der Herdplatte und des Backofens) / Warmwasser / Keine Möbel vor die / LED-Lampen / bei Neugerätekauf auf / Stand-by-Modus / Stoßlüften / Kühlschränke nicht neben / Wäsche an der / Töpfe mit Deckel / auf ebene

Kontrollieren / sparen / Luft trocknen lassen / Energieklasse A+++ achten / wählen / voll befüllt einschalten / beim Ankochen verwenden / beim Kochen nutzen / Topf- und Pfannenböden achten / bei Elektrogeräten vermeiden / richtige Platte stellen / im Winter / Heizkörper stellen / Ofen oder Heizung aufstellen

____

____

____

____

____

____

____

____

Vokabelübersicht

Deutsch	Englisch	Französisch	Farsi	Hocharabisch
à la carte	à la carte	à la carte	–	حسب الاختيار من القائمة
Abtropfgewicht	Drained net weight	Poids net égoutté	وزن خالص ماده غذایی	الوزن المُصفى
Allergie	Allergy	Allergie	آلژی	حساسية
Amuse-Gueule	Amuse-gueule / amuse-bouche	Amuse-gueule	پیش‌غذای مختصر	مُقبلات خفيفة
Aromastoffe	Flavourings	Arômes	دهندهطعم	مواد النكهة
Backen	Baking	Cuire au four	در فر پختن	يخبز
Ballaststoffe	Fibre	Fibres alimentaires	فیبر غذایی	ألياف غذائية
Betriebshygiene	Industrial hygiene	Hygiène de l'établissement	بهداشت محل کسب	نظافة التشغيل
Bindemittel	Binding agent	Liant	قوام دهنده	عوامل التماسك
blanchiert	Blanched	blanchi	نیم پز شده	مُقشر
Bombage	Swelling / bulging	Bombage	قوطی کنسرو باد کرده	العفن
Braten	Roasting (in the oven)/ Frying (in a pan)	Rôtir	سرخ کردن	يقلي
Bruttogewicht	Gross weight	Poids brut	وزن ناخالص	الوزن الصافي
Buttermilch	Buttermilk	Babeurre	دوغ	لبن رائب
Chef de cuisine	Chef de cuisine / head chef	Chef de cuisine	سرآشپز	شيف المطبخ
Cook and Chill	Cook and chill	Cook and Chill	پختن و خنک کردن	اطبخ وبرّد
Cook and Freeze	Cook and freeze	Cook and Freeze	پختن و فریز کردن	اطبخ وجمّد
Cook and Hold	Cook and hold	Cook and Hold	پختن و نگهداشتن	اطبخ واتركه يتماسك
Cook and Serve	Cook and serve	Cook and Serve	پختن و سرو کردن	اطبخ واخدم
Dämpfen	Steaming	Cuire à la vapeur	بخار پز کردن	يتبخر
Desinfektion	Disinfection	Désinfection	ضدعفونی‌کننده	التعقيم
Destillation	Distillation	Distillation	تقطیر	التقطير
Dreisatz	Rule of three	Règle de trois	ضرب متقاطع	قاعدة الثلاثة
Dünsten	Stewing	Cuire à l'étuvée	تفت دادن	الطهي بالبخار
Einweggeschirr	Disposable tableware	Vaisselle jetable	ظرف یکبار مصرف	الأواني التي تُستخدم لمرة واحدة
Eiweiß	Protein	Protéine	سفیده تخم‌مرغ	بروتين
Energiebedarf	Energy requirement	Besoins énergétiques	انرژی مورد نیاز	الحاجة من الطاقة
Entremetier	Entremetier	Entremétier	آشپز غذاهای غیرگوشتی	طاهي الأطباق الجانبية
Erfrischungsge-tränken	Soft drinks	Boissons rafraîchissan-tes	نوشیدنی های خنک کننده	مشروبات منعشة
Ernährungskreis	Nutrition wheel	Cercle alimentaire	چرخه غذایی	دائرة الأغذية

Deutsch	Englisch	Französisch	Farsi	Hocharabisch
Extraktion	Extraction	Extraction	گرفتن عصاره	استخلاص
Farce	Stuffing / filling	Farce	مایه گوشتی	حشوة
Fermentation	Fermentation	Fermentation	تخمیر	تخمّر
Fett	Fat	Matière grasse	چربی/ روغن/چربی	الدهون
Filet	Fillet	Filet	فیله	شرائح
Frittieren	Deep fat frying	Frire	سرخ کردن عمیق	القلي بالزيت
Füllmenge	Filling capacity	Volume de remplissage	ظرفیت	كمية الحشو
Gardemanger	Garde-manger	Garde-manger	سردخانه	طاهي المأكولات الباردة
Garziehen	Poaching	Pocher	آب پز کردن	الطبخ على نار هادئة
Gastgewerbe/ Gastronomie	Hospitality industry/ gastronomy	Restauration/ Gastronomie	غذاخوری/ رستوران	صناعة الضيافة/فن الأكل
Gastro-Norm-Behälter	Gastronorm containers	Récipient gastronorme	تاپینگ	صاحب المطعم
Gefahrenkenn-zeichnung	Hazard label	Identification des dangers	برچسب خطر	علامة المخاطر
Gemüsebeilage	Vegetables	Légumes d'accompagnement	مخلفات تهیه شده از سبزیجات	طبق خضروات جانبي
Genussreife	Ripeness for consumption	Maturité	رسیده	ناضج للأكل
Gesamtumsatz	Total metabolic rate	Chiffre d'affaires total	فروش کل	إجمالي المبيعات
Glutenintoleranz	Gluten intole-rance	Intolérance au gluten	عدم تحمل گلوتن	عدم تحمل الجلوتين
Greifraum	Space within reach	Zone de manipulation	فضای خالی اطراف بدن حین کار	غرفة التسوية
Grillen	Grilling	Griller	کباب کردن	الشواء
Grundgedeck	Basic table setting	Dressage de base	چیدمان پایه میز	غطاء أساسي
Grundreinigung	Basic cleaning	Nettoyage de base	نظافت کلی و اساسی	تنظيف أساسي
Grundumsatz	Basal metabolic rate	Métabolisme de base	میزان سوخت و ساز پایه	المبيعات الأساسية
Güteklasse	Quality class	Niveau de qualité	درجه کیفیت	الفئة النوعية
HACCP	HACCP	HACCP	تحلیل زیان و کنترل نقاط بحرانی	تحليل المخاطر ونقاط التحكم الحرجة
Hygiene	Hygiene	Hygiène	بهداشت	النظافة
Innereien	Offal	Abats	احشاء/ فراوردههای فرعی گوشت	أحشاء الذبيحة
Keimverschlep-pung	Spreading of germs	Transmission de germes	ناقل میکروب	نقل الجراثيم
Kerntemperatur	Core temperature	Température à cœur	دمای مرکزی	درجة الحرارة الرئيسية
Kochen	Boiling	Cuisiner	پختن	الطبخ
Kohlenhydrate	Carbohydrates	Glucides	کربوهیدرات	كربوهيدرات

Deutsch	Englisch	Französisch	Farsi	Hocharabisch
Küchenbrigade	Brigade de cuisine	Brigade de cuisine	تشکیلات آشپزخانه	بريجيت دي كوزين
Lagerbedingungen	Storage conditions	Conditions de conservation	شرایط انبار	شروط التخزين
Laktoseintoleranz	Lactose intolerance	Intolérance au lactose	عدم تحمل لاکتوز	عدم تحمل اللاكتوز
Lebensmittel	Food	Denrées alimentaires	مواد غذایی	المواد الغذائية
Lebensmittelabfälle	Food waste	Déchets alimentaires	پس‌مانده غذایی	نفايات المواد الغذائية
Leistungsumsatz	Active metabolic rate	Dépense énergétique	میزان فعالیت فیزیکی	معدل الأداء
Marmorierung	Marbling	Persillage	برش مرمری گوشت	وضع العلامات
Maßangaben	Measurements	Mesures	ابعاد محصول	الأبعاد
Mengenangaben	Quantities	Données sur les quantités	وزن محصول	بيانات الكمية
Menü/Speisenfolge	Set menu/order of courses	Menu	فهرست غذا / فهرست کامل	القائمة/تتابع الوجبات
Menügedeck	Informal dinner table setting	Dressage du menu	چیدمان میز	غطاء القائمة
Mikroorganismen	Microorganisms	Microorganismes	میکروارگانیسم	الكائنات الدقيقة
Milchzucker	Lactose	Lactose	(قند شیر (لاکتوز	لاكتوز
Mineralstoffe	Minerals	Minéraux	مواد معدنی	مواد معدنية
Mise en place	Mise en place	Mise en place	آماده سازی	التجهيز
Nährstoffe	Nutrients	Nutriments	مواد مغذی	مواد تغذية
Nahrungsmittel	Foodstuffs	Aliments	غذا	مواد غذائية
Nettogewicht	Net weight	Poids net	وزن خالص	الوزن الصافي
Oberflächenspannung	Surface tension	Tension superficielle	کشش سطحی	التوتر السطحي
Patissier	Patissier	Pâtissier	استادکار قناد	حلواني
persönliche Hygiene	Personal hygiene	Hygiène personnelle	بهداشت فردی	النظافة الشخصية
Pflegekennzeichen	Care label	Symbole d'entretien	دستورالعمل	علامة العناية
pH-Wert	pH value	Valeur de pH	pH میزان	أس هيدروجيني
Produkthygiene	Product hygiene	Hygiène des produits	بهداشت محصول	نظافة المنتج
Raffination	Refining	Raffinage	تصفیه	التكرير
Rauchpunkt	Smoke point	Point de fumée	نقطه دود	مكان التدخين
Reinigung	Cleaning	Nettoyage	نظافت	التنظيف
Rezept	Recipe	Recette	دستور غذا	وصفة
Roastbeef	Roast beef	Roastbeef	رست بیف	لحم البقر المشوي
Rohstoffe	Raw materials	Matières premières	مواد اولیه	مواد خام
Röstung	Roasting	Torréfaction	بریان کردن	تحميص
Saison/saisonal	Season/seasonal	Saison/saisonnier	فصل/ فصلی	موسم/موسمي

Deutsch	Englisch	Französisch	Farsi	Hocharabisch
Salmonellen	Salmonella	Salmonelles	سالمونلا	سلامونيلا
Sättigungsbeilage	Side dish	Garniture	غذاهای فرعی	وجبة جانبية للإشباع
Saucier	Saucier	Saucier	متصدی تهیه سس	طاهي الصلصة
Schalenobst	Nuts	Fruits à coque	آجیل	فاكهة شرائح
Schmoren	Braising	Braiser	پختن با آتش ملایم	طهي بالغلي البطئ
Pflanzenstoffe	Plant compounds	Substances végétales	مواد شیمیایی گیاهی	–
Servietten	Napkins	Serviettes	دستمال سفره	مناديل المائدة
Sichtreinigung	Cleaning of visible surfaces	Nettoyage visuel	نظافت سطحی	تنظيف الرؤية
Skala	Scale	Échelle	مقیاس	مقياس
Sous chef	Sous-chef	Sous-chef	سرآشپز	طاهي الصلصة
Speisekarte	Menu	Carte des menus	لیست غذا	قائمة الأطعمة
Speisepilze	Edible mushrooms	Champignons	قارچ خوراکی	فطريات الطعام
Steckknöpfe	Stud buttons	Boutons boule	دکمه فشاری	مفاتيح القفل
Stielgemüse	Stalk vegetables	Légumes tiges	صیفی‌جات ساقه دار	خضروات ساقية
Tafelspitz	Boiled fillet of beef	Pot-au-feu	غذای اتریشی تافل اشپتس	لحم البقر المغلي
Tara-Funktion/ Tara	Tare function/ tare	Fonction de tare/tare	ترازوی هوشمند	وظيفة الطرح/ الطرح
technische Reife	Technical maturity	Maturité technique	مهارت فنی	النضج الفني
Teigwaren	Pasta	Pâtes	پاستا	معجنات
Tischsitten	Table manners	Manières de table	آداب سفره	عادات المائدة
Touchon	Touchon carrot	Torchon	دستمال آشپزخانه	يتطرق إلى
Treibhauseffekt	Greenhouse effect	Effet de serre	اثر گلخانه‌ای	الاحتباس الحراري
Treibhausgase	Greenhouse gases	Gaz à effet de serre	گازهای گلخانه‌ای	غازات الاحتباس الحراري
Triebmittel	Leavening agent	Agent levant	ورآور	عامل نفاشية
Typenzahl	Type number	Type de farine	شماره نوع	عدد الأنواع
Unfallverhü-tungsvorschriften	Accident preven-tion regulations	Règles de prévention des accidents	مقررات پیشگیری از حوادث	تعليمات الوقاية من الحوادث
Unterhaltsreini-gung	Routine cleaning	Nettoyage d'entretien	نظافت روزانه	تنظيف الصيانة
vakuumiert	Vacuum-packed	sous vide	وکیوم شده	مُفرغ
Verpflegungssys-teme	Catering systems	Système de subsistance	سیستم نگهداری	نظم المأكولات
Vitamine	Vitamins	Vitamines	ویتامین‌ها	الفيتامينات
Wurzelgemüse	Root vegetables	Légumes-racines	صیفی‌جات ریشه‌ای	خضروات جذرية
Zitrusfrüchte	Citrus fruits	Agrumes	مرکبات	الحمضيات
Zwiebelgemüse	Bulb vegetables	Légumes à bulbe	گیاهان خانواده پیاز	خضروات البصل

Bildquellenverzeichnis

alamy images, Abingdon/Oxfordshire: PHOVOIR 6.2; suwinai sukanant 8.1

Contacto Bander GmbH, Erkrath: 13.1, 13.3, 13.4, 14.1, 14.4, 14.5

fotolia.com, New York: AKINSHIN, ILYA 55.1; Digitalpress 66.2; rufar 55.2; Schlierne 69.2; Wolfgang Jargstorff 38.4

Friedr. Dick GmbH & Co. KG, Deizisau: 15.1, 15.2, 15.3, 15.4, 15.5, 15.6, 15.7, 16.2, 16.3, 16.4, 16.5, 16.6, 16.7

iStockphoto.com, Calgary: Bet_Noire 12.1; Fascinadora 14.3; HandmadePictures 76.2; Ortakcioglu, Oktay 12.2; Shinyfamily 11.2; Steidlinger, Andreas 43.1; ThinkDeep 64.1; webphotographeer 89.1.

PantherMedia GmbH (panthermedia.net), München: Reitz-Hofmann, Birgit 11.1.

Rational AG, Landsberg am Lech: 12.4

Shutterstock.com, New York: ArtMari 83.2; daulon 110.2; Dewin ' Indew 13.2; FotoDuets 103.3; Kovaleva_Ka 77.1; Lopolo 100.1; lumen-digital 108.1; PERLA BERANT WILDER 12.3; Shkuratova, Anna 24.5; SpelaG91 103.2; vipman 101.1

stock.adobe.com, Dublin: Adiano 29.1; Aerial Mike 98.2; anaumenko 26.2; Antonioguillem 26.1; antonmatveev 45.5; Atkins, Peter 105.1; barbone, marilyn 25.2; beats_ 24.1; Becker, Brooke 36.1; bernardbodo 75.1; bignai 98.1; Bonardelle, Danielle 106.1; britta60 102.1; Cherkasov, Andrey 87.1; Christin 109.1; Coloures-Pic 6.1; constantinos 102.6; Coprid 69.1; Countrypixel 46.1; davit85 94.1; der hugo2 32.2; DragonImages 76.1; Dreadlock 81.1; dule964 33.5; dusk 65.1; Eisenhans 22.1; emuck 65.2; ExQuisine 31.1; felinda 49.3; ffphoto 27.1; FomaA 31.2; fotoluk1983 79.2; fovito 41.1; fox17 36.3; Garau, Stefano 101.2; GCapture 38.3; goldencow_images 73.2; Grafvision 46.3; Guillou, Emmanuelle 102.3; guy 45.2; HandmadePictures 36.2; Hildebrandt, Esther 100.2; hopfi23 43.3; itestro 73.1; JackF 85.2, 86.1; Joachim 39.1; juefraphoto 32.1; Jung, Christian 33.1; karepa 42.1, 72.2, 90.2; katinkah 30.1; Kneschke, Robert 91.1; kolesnikovserg 65.4; Kovalchuk, Nelly 35.2; larswieser 83.1; LElik83 95.1; LianeM 72.1; LIGHTFIELD STUDIOS 106.2; LioTou 96.1; Lucky Dragon 7.1; magele-picture 69.3; mariesacha 81.2; markobe 38.5; mates 38.6, 65.6, 66.1; maxsol7 65.5; menfis 37.1; Monkey Business 85.1; monticellllo 50.1; nakedking 102.5; overcrew 110.1; oxie99 65.3; photocrew 25.1; photophonie 99.1; Picture Partners 33.4; Popov, Andrey 97.1, 102.9; praisaeng 34.1; Racle Fotodesign 102.2, 102.7, 105.3; rainbow33 79.1; Reichartz, Hans-Peter 43.4; Reitz-Hofmann, Birgit 14.2, 49.4; Repin, Anatoly 49.2, 49.5; Rido 97.4; robynmac 38.1, 45 3; rosinka79 108.2; Ruckszio 33.2, 33.3; Sanin, Theeradech 46.2; sawitreelyaon 103.1; sebra 23.1; Sergey 102.8; shishiga 39.3; somchaisom 34.2; sorcerer11 43.2; staras 28.1; strauchburg.de 102.4; superfood 71.2; Szakaly 58.1; taka 90.1; Taliun, Diana 45.4; tashka2000 24.2; topvectorel 68.1; travelguide 35.1; tunedin 38.7; uckyo 38.2; unpict 45.1; v.poth 24.4; vaitekune 7.1; Valeriy 69.4; Vasyl 97.3; vektorisiert 107.1-9, 108.1-5; vkph 39.2; WavebreakMediaMicro 97.2; Wellnhofer Designs 10.1; whitestorm 24.3, 61.1; womue 66.3; yuliyatrukhan 35.3; Zemgaliete, Mara 49.1

WÜSTHOF GmbH, Solingen: 16.1

Zeichnungen

Brauner, Angelika, Hohenpeißenberg: 9.1, 9.2, 9.3, 9.4, 9.5, 9.6, 9.7, 9.8, 9.9, 9.10, 47.1, 47.2, 48.1, 104.1-4

Hild, Claudia, Angelburg: 21.1, 51.1, 51.2, 52.1

Cover

Shutterstock.com, New York: Arthimedes; agsandrew;

stock.adobe.com, Dublin: ilfotokunst; Jennewein Photo; Raths, Alexander; Syda Productions;

Wir arbeiten sehr sorgfältig daran, für alle verwendeten Abbildungen die Rechteinhaberinnen und Rechteinhaber zu ermitteln. Sollte uns dies im Einzelfall nicht vollständig gelungen sein, werden berechtigte Ansprüche selbstverständlich im Rahmen der üblichen Vereinbarungen abgegolten.